Christiane Maria

Willibald Bösen

Auf einsamer Straße zu Gott

Willibald Bösen

Auf einsamer Straße zu Gott

Das Geheimnis der Kartäuser

Mit Illustrationen von
Gordana Köllner

Herder
Freiburg · Basel · Wien

Umschlagfoto: Willibald Bösen

Herstellung: Freiburger Graphische Betriebe 1987
ISBN 3-451-20997-7

Meinem väterlichen Freund,
einem französischen Kartäuser,
ohne den dieses Buch
nicht hätte geschrieben werden können,
in Dankbarkeit und Verehrung
zur 50. Profeß (1937–1987)
zugeeignet

Vorwort

Wer an der Kartause „Marienau“ im Allgäu, der einzigen, von Mönchen bewohnten Kartause in Deutschland, anklopft, muß enttäuscht zur Kenntnis nehmen, daß er das Kloster nicht besichtigen darf. Informieren kann er sich lediglich anhand von Postkarten und einer bebilderten Broschüre, die an der Klosterpforte zum Kauf angeboten werden. Ist die erste Neugier gestillt, werden Fragen wach – vor allem nach dem konkreten Leben hinter der weitläufigen Klostermauer: Wer sind sie, die sich hier in die Einsamkeit einer Zelle zurückgezogen haben? Wie fanden sie auf diesen Weg? Warum gehen sie ihn? Wie sieht ihr Alltag aus? Was können sie über Gott, das erklärte Lebensziel, aussagen?

Auf diese und andere Fragen will vorliegendes Buch eine Antwort geben. Es versucht dies auf eine doppelte Weise, einmal in sog. „Geschichten“ in einem umfangreicheren ersten Teil (I), des weiteren in einer kurzen Zusammenfassung der wichtigsten Informationen in einem zweiten Teil (II). Beide Teile ergänzen sich, sind aber auch in sich selbst verständlich. Zu den acht „Geschichten“ sei angemerkt: Sie sind alle authentisch, d. h., die geschilderten Begegnungen haben tatsächlich stattgefunden, die Gespräche wurden wirklich geführt. Erfunden sind lediglich die Namen. „Ein Mönch hat das Bedürfnis, unbekannt zu bleiben“, begründet stellvertretend für alle einer von ihnen. Alle Texte wurden den Betroffenen zur Korrektur vorgelegt, was aber nicht heißt, daß „Schatten“ aufgehellt und „Ecken und Kanten“ geglättet wurden. Im Gegenteil, eingedenk der Warnung eines französischen Priors, daß die Mehrzahl der Veröffentlichungen über die Kartäuser Idealisierungen sind, die der oft mageren Realität des Alltags nicht gerecht werden, habe ich mich um Nüchternheit und Sachlichkeit bemüht. Dennoch erging es mir dabei wahrscheinlich wie vielen anderen, die von einer Sache begeistert sind: In der Begeisterung und in der

Fernsicht verklärt sich der Berg, von dem man weiß, daß er – aus der Nähe besehen – voller gefährlicher Schluchten und Steilhänge ist.

Aufrichtig und herzlich danke ich allen Kartäusermönchen und -nonnen in Deutschland und Frankreich, die mich an ihrem Leben und Denken teilnehmen ließen. Ihr Ja zur Veröffentlichung unserer Begegnungen und Gespräche fiel ihnen von Herzen schwer; meist ihr Unvermögen, mir, dem drängenden Freund, eine Bitte abzuschlagen, bewog sie schließlich, nach langem innerem Ringen, mir die Erlaubnis zu geben. Was mich betrifft, sei nur so viel hinzugefügt, daß ich selbst lange zögerte, dieses Buch zu schreiben. Wenn ich es nun doch tue, dann vor allem aus drei Gründen: zum einen, um diese radikalen Gottsucher einem breiteren Publikum im deutschen Sprachraum bekannt zu machen; zum anderen, um den vielen Halb- und Unwahrheiten, die sich um ihr verborgenes Leben ranken, mit authentischen Informationen entgegenzutreten; schließlich aber – und es ist dies der Hauptgrund –, weil mir durch den jahrelangen Kontakt mit ihnen Gott als lebendige Wirklichkeit aufgegangen ist, mit der wir im Alltag rechnen dürfen, die ihrerseits auch mit uns rechnet. Letztlich stehen daher nicht die Mönche und Nonnen im Mittelpunkt dieses Buches, sondern Gott.

Dank schulde ich außerdem Frau Gordana Köllner für ihre Illustrationen, ohne die viele Aussagen unanschaulich blieben; meiner Frau, Inge Bösen, für alle Schreibarbeiten und Karten, besonders aber für ihre mich immer wieder ermutigende kritische Begeisterung; nicht zuletzt dem Verlag Herder und seinem Lektor, Dr. Bernhard Spörlein, für die kurzfristige Aufnahme in das Verlagsprogramm.

Inhalt

Zur Einstimmung

Nicht jeder, der die Einsamkeit liebt, ist zum kontemplativen Leben berufen, und nicht jeden, den Gott zum kontemplativen Leben beruft, führt er in die Kartause. „Kartäuser auf Zeit" sein möchte vielleicht mancher, der sich für eine Weile der Betriebsamkeit und dem Eingebundensein in vielfache soziale Bindungen und Verpflichtungen entziehen, der zur Ruhe, zu Gott und zu sich selbst finden möchte. Aber Einsamkeit auf Dauer, als Lebensprogramm? Nein, selbst der Wunsch nach einer solchen Einsamkeit, nach Stille und Gebet macht noch nicht den Kartäuser. Ein Leben in der Abgeschiedenheit der Kartause kann nur der führen, den Gott dazu beruft.

Das vorliegende Buch führt ein in die faszinierende und zugleich fremde Welt der Kartause. Es weckt die Sehnsucht und läßt zugleich deutlich werden, wie kompromißlos und radikal die Anforderungen für jeden sind, der sich auf das Wagnis einläßt, ein Leben lang mit Gott allein zu sein. Wer mit Illusionen zur Kartause kommt, dem werden sie bald genommen. Die Diskrepanz zwischen der Zahl der Interessenten und derer, die bleiben, spricht für sich.

Der hl. Benedikt sagt im ersten Kapitel seiner Regel, daß das Leben des Anachoreten ein „Einzelkampf in der Wüste" ist. Zu diesem Kampf ist nach seiner Meinung nur fähig, wer durch lange Bewahrung im zönobitischen Kloster geschult und gerüstet ist. Für den, der in die Kartause eintritt, entfällt diese „Schulungszeit". Er wird sofort mit der Einsamkeit konfrontiert, die eine nahezu totale ist. Er weiß, daß er von nun an vor den Menschen unbedeutend sein wird. Selbst das schlichte Holzkreuz auf seinem Grab wird keinen Namen tragen. Er weiß, daß er in der Verborgenheit seines vielleicht langen Lebens weder eine Resonanz seiner Arbeit noch seines Gebetes erfährt, daß er sein ganzes Leben ohne jedes greifbare Erfolgserlebnis investiert. Nicht ohne Grund spricht man daher von den Einsiedeleien im Kloster als von einer „Wüste".

Für jeden Christen, der wahrhaft Gott sucht und um die Erfüllung seines Willens ringt, ist die „Wüste" als Metapher für bestimmte Erfahrungen im geistlichen Leben von Bedeutung. Besonders gilt dies für jene, die in der Verborgenheit und Einsamkeit ein kontemplatives Leben führen. Die „Wüste" ist ein bevorzugter Ort der Begegnung, zu dem der werbende Gott jenen lockt, den er in Liebe an sich ziehen will (vgl. Hos 2, 16 ff). „Doch ist die Kartause", so warnt auch der Novizenmeister von Marienau, „nicht nur friedvolle Oase, sondern auch Wüste, gefährliche Wüste, in der die Seele zeitweise einen unerbittlichen Kampf ums Überleben kämpft". Das Leben der Einsamkeit und des Schweigens, der Nachtwachen und des Gebetes kann als Gottesnähe, aber auch als zermürbende Eintönigkeit erfahren werden, als Gemeinschaft mit Gott und als lebensbedrohende Isolierung. Doch im Unterschied zu der Wüste, der sich der moderne Mensch, zumal in der Großstadt, preisgegeben fühlt, einer Wüste, deren Charakteristikum die Ausweglosigkeit und Sinnlosigkeit ist, gehört die Wüste als geistliche Erfahrung zu der Lebensform, die der Mönch, vorab der Kartäuser wählt. Orientierung erhält er im Wort des Herrn, durch das er sich auf den Weg geschickt weiß, in der Treue, in der er sich durch die Profeß an Gott gebunden hat, und in dem Glauben an die Verheißung, daß Gott, nach dem er sich in Liebe und Sehnsucht ausstreckt, ihm auch auf dem Kampfplatz der Wüste nahe ist.

Die Einsamkeit, in die er gerufen ist, macht den Mönch sensibel und empfänglich für die Zeichen der Aufmerksamkeit und Zuwendung Gottes, sie läßt ihn aber um so schmerzlicher das Ausbleiben solcher Zeichen erfahren, das sich auch für ihn über lange Zeit hinziehen kann. Immer mehr muß er sich lösen von bestimmten Vorstellungen über Gott und bereit sein für die Weise, wie Gott sich ihm erfahrbar machen will. Es darf für den Mönch nur eine Abhängigkeit geben: das Hangen an Gott. Allein die Sehnsucht nach ihm gibt ihm die Kraft, auch lange Wüstenstrecken zu bestehen.

Als alttestamentlicher Typos des kontemplativen Gottsuchers

wird in der Kirche schon früh der Prophet Elija gesehen. Nach einer Wanderung von vierzig Tagen und vierzig Nächten in der Wüste von Beerscheba kommt Elija zum Gottesberg Horeb (1 Kön 19). Dort findet er eine Höhle, in die er sich zurückziehen will. Doch da trifft ihn das Wort des Herrn, das ihn herausfordert: „Was willst du hier?" Elija berichtet ihm von seinem leidenschaftlichen Eifer für ihn, der ihm nur Verfolgung eingebracht hat. Die Antwort Gottes lautet daraufhin nur: „Komm heraus, und stell dich auf den Berg vor den Herrn."

Gott will sich dem Propheten offenbaren. Doch läßt er ihn nicht wissen, auf welche Weise er sich ihm zu erkennen geben wird. Nacheinander entstehen ein heftiger Sturm, Erdbeben und Feuer. Aber Gott ist nicht darin. Elija wartet immer noch. Er wartet und schweigt. Weil er schweigt, kann er hören. Und was hört er? Er hört „ein sanftes, leises Säuseln", oder, wie Martin Buber übersetzt, „eine Stimme verschwebenden Schweigens", nur dem vernehmbar, der hellhörig ist, wach und aufmerksam.

Elija weiß, was das kaum spürbare Wehen zu bedeuten hat. Es ist ihm unheimlicher als alles, was vorausging. Schaudernd verhüllt er das Gesicht in seinen Mantel. Sturm, Erdbeben und Feuer hatten ihm nichts anhaben können. Doch der sanfte Hauch überwältigt ihn. Im Schutz seines Mantels tritt Elija hinaus und stellt sich an den Eingang der Höhle, um den an ihn ergangenen Auftrag: „Komm heraus, und stell dich auf den Berg vor den Herrn" zu erfüllen. Er ist bereit für alles, was Gott mit ihm vorhat.

Wie den Propheten Elija führt Gott auch heute Menschen in die Wüste, damit sie in Einsamkeit vor dem Herrn stehen und ihm verfügbar sind. Nicht jedem wird wie dem Propheten gesagt, daß er den Weg durch die Wüste zurück zu den Menschen gehen soll. Es gibt Menschen, und dazu gehören wesentlich die Kartäuser, die sich für ein Leben lang beauftragt wissen zu diesem einsamen Stehen vor Gott, schweigend und hörend, wachend und das verfügbare Geheimnis Gottes anbetend, in der unbeirrbaren Ausrichtung auf den „Gott der Verheißung". Nur wer zur inneren Unabhängigkeit gefunden hat, zu der die Einsamkeit befreit, kann warten, ohne aufzugeben. Er wartet und hält Ausschau nach dem Kommen des Herrn, wie ein Wächter auf einem Berg.

Abseits von den Menschen lebt der Mönch im Herzen der Kirche. Ihm ist aufgetragen, im Gebet vor den Herrn zu treten, „an Stelle" und „für" viele, die es nicht tun können oder wollen. Diese seine Sendung findet er ausgesprochen im zweiten Hochgebet der Eucharistiefeier: „Du hast uns berufen, vor dir zu stehen und dir zu dienen." Als Lebensauftrag ist dies in den „Erneuerten Statuten" der Kartäuser verankert: „Getrennt von allen, sind wir eins mit allen, damit wir stellvertretend für alle vor dem lebendigen Gott stehen" (Statuten 34.2.).

Das ständige Ausgerichtetsein auf Gott wird freilich auch für den Kartäuser eine solche Forderung sein, daß er ihr nicht immer genügen kann und wird. Denn auch er bleibt stets ein in seiner Schwachheit angefochtener Mensch. Er erfährt diese seine Schwachheit um so stärker, je mehr er sich mit seiner ganzen Existenz auf Gott einläßt, je mehr er spürt, daß er aus sich selbst nichts vermag, sondern ganz auf Gott angewiesen ist. Daß auch er der menschlichen Anfälligkeit unterworfen ist, daß er seine spezifischen Anfechtungen hat, auch dies wird in diesen Begegnungen und Gesprächen mit Kartäusern nicht verschwiegen. Aber darf nicht wie jeder, der den Ruf der Nachfolge vernimmt und ihm folgt, auch der Kartäuser hoffen, daß Gott ihm zu seinem Weg in der Einsamkeit und zu seinem „Stehen vor dem Herrn" täglich neu seine Gnade gibt?

Abtei Unserer Lieben Frau — Judith Frei OSB
Varensell, 21. März 1987

I.

BEGEGNUNGEN UND GESPRÄCHE MIT KARTÄUSERN

1. In der „Großen Kartause“

Das Abenteuer „Große Kartause“, das unvergeßliche, begann mit einer Einladung meines väterlichen Freundes P. Jean zu einem Besuch der Kartause in Montrieux, wo er Prior ist. Länger als ein Jahrzehnt hatten wir uns nicht mehr gesehen; aus Respekt vor der Kartäuserregel war unser Kontakt auf einen Brief pro Jahr beschränkt. Um so größer war daher meine Freude, als in der letzten Rückantwort zu lesen stand: „Si vous voulez, passez quelques jours ici à la Chartreuse!“

Montrieux, nahe bei Toulon in Südfrankreich – das sind über 1000 Kilometer für einen Weg, ein Zwischenhalt ist geboten.

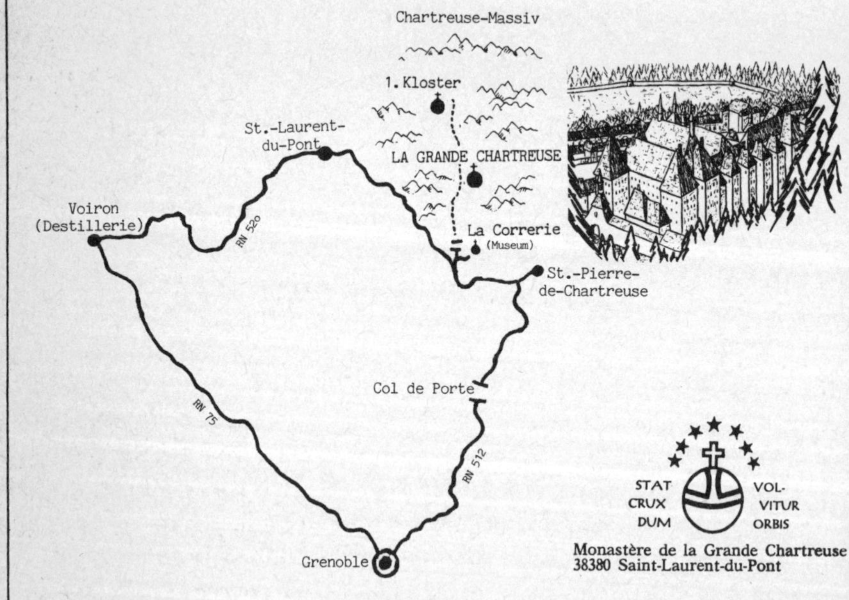

Karte: Inge Bösen

Wie von selbst empfiehlt sich Grenoble an der Isère; von Grenoble aber nur etwa 30 Kilometer entfernt liegt im Massiv von Chartreuse die nach ihm benannte Kartause „La Grande Chartreuse“, die Wiege des Kartäuserordens.

Es ist Ende Juli, als ich nach Süden aufbreche. Über deutsche, schweizerische und französische Autobahnen erreiche ich wie geplant am Spätnachmittag St.-Laurent-du-Pont am Fuße des Chartreuse-Massivs; bis nach St.-Pierre-de-Chartreuse, dem der Kartause benachbarten Dorf, wo ich wohnen will, sind es nur noch etwa acht Kilometer, acht Kilometer aber voll wilder Romantik. Erst mit Hilfe moderner Maschinen ist es gelungen, die Straße so auszubauen, daß sie ohne Gefahr befahren werden kann, im Sommer wie im Winter. Ganz eingebettet in einen dämmerigen Urwald mit Riesen von Bäumen und undurchdringlichem Dickicht, führt sie über kühne Brücken und kunstvolle Steinrampen; hinderliche Felswände umgeht sie oder aber durchbohrt sie in bedrohlich aussehenden Tunnels. St.-Pierre-de-Chartreuse ist ein nur kleines, sauberes Bergdorf, das in der Hauptsache vom Tourismus lebt, im Sommer von Bergwanderern, im Winter von Wintersportlern.

Von hier aus will ich in den nächsten drei Tagen die nicht nur in Frankreich berühmte „Große Kartause“ besuchen und mich so auf Montrieux einstimmen.

1. Tag: In der Hoffnung, vielleicht an der Konventmesse teilnehmen zu dürfen, mache ich mich in der Frühe schon auf den Weg. Doch welche Enttäuschung! Bereits am Eingang des Tales versperren Barrieren die Zufahrt zum Kloster; ein großformatiges Schild informiert: „Zone de silence! On ne visite pas le monastère!“ Ja, ich hatte davon in der Zeitung gelesen, daß Touristen, 100000 jedes Jahr, den Mönchen das Leben im Sommer schwermachen, so schwer gar, daß man an Auszug und Umsiedlung dachte. Ihnen, sicherlich nur ihnen, die schreiend und lachend und mit volltönendem Radio in der Hand an der Klosterpforte anklopfen, gilt dieses Schild; mir wird man Einlaß gewähren, wenn man hört, daß ich P. Jean, den Prior von Montrieux, kenne. Ich parke den Wagen und marschiere auf ei-

ner von hohen Bäumen gesäumten Allee ins Tal hinein. Nach einem Kilometer etwa taucht zur Rechten die Mauer der Kartause auf, weitläufig und hoch, an Eckpunkten und schwierigen Geländepassagen ganz wie in einer mittelalterlichen Stadt durch Türme gefestigt. Ihr folgend, finde ich erst nach steilem Anstieg das Pfortenhaus; während ich verschnaufe, entziffere ich ein verblaßtes Holzschild neben dem Tor: „Die Mönche, die ihr Leben Gott geweiht haben, bitten Sie, ihre Einsamkeit zu respektieren, in der sie für Sie beten und opfern!" Ich bin verunsichert. Darf ich es nach solch eindringlicher Bitte noch wagen, um Einlaß nachzusuchen? Im nachhinein weiß ich nicht, woher mir der Mut zukam: Ich läute. Nach Minuten des Wartens öffnet sich in dem schweren Holztor ein kleines viereckiges Guckloch, das nur die Hälfte eines Gesichtes freigibt: „Ich komme aus Deutschland und bin auf dem Weg zu P. Jean in Montrieux ..." Vor Aufregung stottere ich, stammle etwas von meiner Liebe zu den Kartäusern und von meiner Sehnsucht nach einem Besuch der „Großen Kartause" und schweige schließlich, als ich in dem nur schmalen Fensterchen sehe, wie mein Gegenüber den Kopf schüttelt: „Je regrette, ça ne va pas! Besuchen Sie unten das Museum in der Correrie! Dort finden Sie alles, was Sie interessiert!" Ehe ich reagieren kann, schließt sich die Luke. Die „Große Kartause" bleibt ihrem Ruf treu, nicht nur das berühmteste, sondern auch das verschlossenste Kloster Frankreichs zu sein. Ein Traum ist damit ausgeträumt, mag die Enttäuschung auch noch so groß sein. Lustlos kehre ich ins Tal zurück, um mir wenigstens im Vorübergehen anzuschauen, was man in der Correrie, dem ehemaligen Brüderkloster am Taleingang, zusammengetragen hat.

Ich komme, um nur einen Blick hineinzuwerfen, am Ende bleibe ich über drei Stunden. Ich bin begeistert! Der Pförtner hat nicht zu viel versprochen. Was auch nur immer an der „Großen Kartause" im besonderen und der kartusianischen Welt im allgemeinen von Interesse sein kann, ist hier, in fünfzehn Sälen und Gängen, zusammengestellt, nein, perfekt zu einer großartigen Show arrangiert. Die Kirche mit altem Chorgestühl, der Kreuzgang, optisch durch eine raffinierte Fotomontage in die

Ferne hinein verlängert, die Zelle mit den vier Zimmern und dem Garten – die kleine Welt des Kartäusers ist genauestens rekonstruiert. Bis in feinste Details der Wirklichkeit getreu nachgebildet auch das Holzmodell der „Großen Kartause", ein vier Quadratmeter großes Kunstwerk von P. Sakristan, das ein mit Lichteffekten kombiniertes Tonband in seinen einzelnen Teilen erklärt. Zwischendurch eine Tonbildschau über die Geschichte und die Häuser des Ordens, ein Saal mit Informationen über die Brüder und die Nonnen, ein langer, von Mönchsgesang erfüllter Gang mit Leuchtbildern über die Kartäuserliturgie und schließlich, im Herzen und am Ende der Ausstellung, in Form von Schaubildern, Meditationstexten und Diapositiven der Versuch einer Antwort auf die Frage nach dem Sinn der Kartäuserexistenz. Insgesamt eine beeindruckende Selbstdarstellung, die jedoch kaum von den Kartäusern, sondern eher von Meistern der Werbebranche zusammengestellt worden sein dürfte! Soviel raffinierte Technik ist den Einsiedlern von „La Grande Chartreuse" fremd!

Am Ausgang komme ich mit einem Ehepaar und seinem 15jährigen Sohn aus Norddeutschland ins Gespräch. Von der „Großen Kartause" hat man erst im französischen Urlaubsort erfahren. Die Trappisten, ja, die kennt man; es gibt sie in der Eifel, in Mariawald in der Nähe von Heimbach. Von Kartäusern in Deutschland jedoch weiß man nichts. Das Museum fand man hochinteressant, einzigartig. Schade, daß die Menschen wie an Schaufenstern vorbeieilen; Zeit zur Vertiefung nehmen sich nur wenige.

Auf dem Weg zum Ausgang kommt uns eine Gruppe amerikanischer Studenten entgegen. Ein junger Mann, der einzige inmitten eines Dutzends von Teenagern, tanzt in wildem Rhythmus zur Musik eines Kofferradios, das er auf den Armen wiegt; die Mädchen folgen ihm scherzend und lachend ins Museum. Kaum, daß ich eine Bank auf einer kleinen schattigen Anhöhe über dem Parkplatz gefunden habe, tauchen sie schon wieder am Ausgang auf; ihr Rundgang hat weniger als zehn Minuten gedauert und ihrem Lärmen nach zu urteilen wenig beeindruckt.

Eine Frau mittleren Alters nimmt neben mir auf der Bank Platz, schweigend beobachten wir den Autoverkehr vor uns. Eine Blechlawine aus Pkws und Bussen, wenige nur mit ausländischen Kennzeichen; die Franzosen sind ganz unter sich. Um so freudiger überrascht bin ich, als ich höre, daß meine Nachbarin aus Deutschland kommt und auf einer Pilgerfahrt durch Frankreich und die Schweiz ist. Nicht, daß sie es mir erzählt, nein, ich erfahre es von Mitreisenden, die im Vorübergehen ihren soeben beendeten Besuch im Museum kommentieren: „Gut, daß du nicht mitgegangen bist! Hast dein Geld gespart!" die eine. „Likör kann man auch in Ettal kaufen. Dort ist er billiger!" eine andere. „Bis zum Kloster sind es noch zwei Kilometer. Aber was soll ich dort? Man kommt ja doch nicht hinein!" eine dritte ... Eine Tirade gleicher und ähnlicher Kommentare. Mein Magen zieht sich zusammen, mein Herz verkrampft sich und sticht; ich bin wütend, aber doch unfähig, etwas zu sagen. Völlig unwissend kam man mit dem Bus angereist, genauso unwissend fährt man wieder ab; als einziges bleibt das Stichwort Likör*. Ich beginne zu begreifen, warum die Mönche „La Grande Chartreuse" hermetisch abgeschlossen halten. Im Kampf gegen die Sightseeing-Touristen welcher Nationalität auch immer hätten sie keine Chance. Vor soviel Unverstand, Rücksichtslosigkeit und Sensationshunger wäre die Stille, das Lebenselement des Einsiedlers, selbst nicht mehr im letzten Winkel der riesigen Klosteranlage garantiert.

---

* Um das Jahr 1605 schenkt ein Adliger aus Paris den dortigen Kartäusern eine Handschrift mit der Formel eines Lebenselixiers aus 130 Heil- und Duftkräutern. Seine Herstellung gelingt einem Bruder der „Großen Kartause" aber erst gegen 1735. Außer ihm sind heute ein grüner und ein gelber Likör weltbekannt. Ihre Produktion und ihr Vertrieb liegen in der Hand einer staatlichen Gesellschaft mit Sitz in Voiron, lediglich drei Brüder der Großen Kartause überwachen die Herstellung. Auf das Problem des Alkoholismus und des Kartäuserlikörs angesprochen, erklärt der Prokurator der Großen Kartause dem Reporter von „Paris Match", R. Serrou: „Wenn wir dieses Problem durch den Verzicht auf den Kartäuserlikör lösen könnten, würden wir keinen Augenblick zögern, dieses Opfer zu bringen, überzeugt, daß die Vorsehung uns eine andere, unserer Berufung angepaßte Möglichkeit der Existenzsicherung zeigen würde" (Au „désert" de Chartreuse. La Vie solitaire des fils de saint Bruno, [2]1984, S. 190).

2. Tag: Die Sonne brennt bereits heiß vom Himmel, als ich an der Correrie den Rucksack schultere und den „Pfad R“ suche. Mein Ziel ist es, heute das kleine, nur vier Kilometer lange Tal der Chartreuse, in dessen Mitte die „Große Kartause“ liegt, auf halber Höhe der sie einschließenden Berge zu umwandern. Nach zwei Stunden steilen Anstiegs in schattigem Wald stehe ich auf einem felsigen Aussichtspunkt am Ostabhang, 400–500 Meter über dem Kloster. Direkt unter mir, an zwei überlangen Kreuzgängen sorgfältig angebunden, die Einsiedeleien; in ihrem Hintergrund ein Gewirr von mächtigen Gebäuden, unter ihnen, ganz im Herzen der mittelalterlichen „Stadt“ gelegen, die Kirche. Keine der zahlreichen Ansichtskarten, die es im Umkreis von 100 Kilometern zu kaufen gibt, zeigt diese Perspektive, zweifellos die typischste von allen möglichen, rückt sie doch nicht die burgähnliche Westseite mit den hochaufragenden „Offizierszellen“, den Gemeinschaftsgebäuden und dem Gästeflügel in den Blickpunkt, sondern die unscheinbaren Einsiedeleien, die die Kartause erst zur Kartause machen.

Gegen Mittag erreiche ich das Ende des Tales. Das Unterholz hat sich urwaldhaft verdichtet, die Berge sind näher herangerückt; über mir erhebt sich, in seiner Ansicht durch Riesen von Tannen und Buchen verdeckt, der 2036 m hohe Große Som. Zwei Kapellen, ein gedrungenes Steinkreuz und ein Brunnen zeigen an, daß ich an der Quelle des Kartäuserordens angekommen bin. Hier, in diesem einsamen und unberührten Talwinkel auf 1165 m Höhe, errichtete der hl. Bruno mit seinen sechs Gefährten, unterstützt von den Bauern aus St.-Pierre-de-Chartreuse, vor 900 Jahren die erste Kartause. Die Zellen glichen ohne Zweifel den Holzfällerhütten der Zeit: einfache Konstruktionen aus Stämmchen junger Tannen, die man am Ende mit dicken Brettern verkleidete. Sie öffneten sich auf einen gedeckten Gang hin, der zur Kirche führte; die Kirche allein war aus Stein gebaut. 48 Jahre lang lebte hier eine kleine Kommunität von vermutlich 13 Mönchen. Sieben von ihnen erschlug am 30. Januar 1132 eine Steinlawine, die durch einen Felsrutsch in der Wand des Großen Som verursacht worden war. Enorme, weithin zerstreute Felsbrocken geben noch heute ein beeindruckendes Zeugnis von der damaligen Katastrophe. Um der Gefahr einer Wiederholung vorzubeugen, zogen die Überlebenden ins Tal hinab und bauten das Kloster etwa zwei Kilometer weiter unten, an der heutigen Stelle, neu auf. Jetzt wohl vor Lawinen und Felsbrüchen sicher, wird diese Kartause in den nachfolgenden Jahrhunderten aber achtmal von Feuersbrünsten vernichtet. Plan und Architektur der gegenwärtigen Anlage datieren aus dem 17., in ihr enthalten sind aber Teile aus dem 14. und 15. Jahrhundert.

Eine Überraschung erwartet mich am Nachmittag auf der Westseite des Klosters. In der Nähe von Chartroussette, einer der „Großen Kartause" zugehörigen Scheune inmitten mehrerer Bergwiesen, raste ich im Schatten einer Tanne, als auf der Lichtung vor mir, umgeben von vier, fünf Männern und Frauen, die sich um ein weinendes Kleinkind bemühen, ein gelbes Kartäusergewand auftaucht. Zweifellos Verwandte zu Besuch bei einem Pater, die mit dem Auto hierher in den Wald geflohen sind, um – von Touristen ungestört – einen kleinen Spaziergang machen zu können. Darf ich die Gelegenheit wahrnehmen und fotografieren? Ich will es nicht ohne Erlaubnis tun, da ich den kartusianischen Schrecken vor dem Fotoapparat kenne. Aufgeregt und ein bißchen verschämt gehe ich auf die Gruppe zu und bitte den mir entgegenkommenden Pater, einen noch jungen Mönch mit blassem, schmalem Gesicht. Er lächelt verlegen, zögert, setzt an, seine Ablehnung zu begründen, als die Verwandten ihm stürmisch ins Wort fallen und zu einem Ja drängen. Ich darf. In weniger als fünf Sekunden schieße ich zwei Bilder, bedanke mich und ziehe mich, glücklich über die unerwartete Beute, diskret zurück. Daß es sich bei dem jungen Pater um P. André handelt, der – aus der Normandie stammend – vor sieben Jahren als 20jähriger in die „Große Kartause" eingetreten ist, erfahre ich wenig später von einem Verwandten, einem jüngeren Bruder, der zurückgeblieben ist und mit mir zusammen Walderdbeeren pflückt. Der Regel entsprechend wird man nur zwei Tage bleiben, im Februar nächsten Jahres aber wiederkommen, um an der Feierlichen Profeß von P. André, seiner endgültigen Anbindung an den Orden, teilzunehmen.

3. Tag: Ehe ich heute nach Montrieux weiterreise, will ich die Gelegenheit nutzen und an der Messe teilnehmen, die die Kartause sonntags für Besucher anbietet. Es ist dies der einzige seelsorgerliche Dienst der Mönche; treu ihrer Berufung zu einem verborgenen Gebets- und Opferleben in der Einsamkeit, weisen sie jede Bitte um größere Aktivität konsequent zurück. Mit mir haben sich bis 11 Uhr etwa 40 Personen, Männer und Frauen, in der Außenkapelle nahe der Klosterpforte versammelt; viele, die meisten wohl, sind wie ich Feriengäste, die hoffen, durch dieses winzige „Guckfensterchen" einen direkten Blick in die Kartause hinein, wenn auch nur in ihre äußerste Peripherie, werfen zu können. Doch wer allzuviel erwartete, wird enttäuscht! Was es zu sehen gibt, ist ganz und gar unsensationell: eine kalte, wenig ansehnliche Kapelle mit groben Holzbänken in der ersten und – vom Volk durch eine Holzbarriere getrennt, die den Durchgang ins Innere des Klosters versperrt – einem einfachen Altar in der anderen Hälfte. Der Zelebrant ist ein noch junger Pater von 40 Jahren vielleicht, ebenso schmal wie P. André, dem ich gestern begegnen durfte. Ganz in sich gekehrt, so als gäbe es keine Gemeinde, die mitfeiern möchte, spricht er mit leiser, gleichbleibend monotoner Stimme die Gebete, die Lesungen, selbst die Akklamationen vor sich hin. Über die liturgischen Texte hinaus kein Wort der persönlichen Ansprache, keine Frage, kein Hinweis, keine Ermunterung. Selbst mit den Augen kein Versuch einer Kommunikation. Ein einziges Mal nur, nach der Kommunionspendung, erhebt er sie und schaut für den Bruchteil einer Sekunde in die Menge, um sich zu vergewissern, daß er niemanden übersehen hat. Die Scheu der Kontaktnahme ist augenfällig, nach jahre-, jahrzehntelanger Einsamkeit bereitet das Vis-à-Vis mit so vielen Fremden ganz offensichtlich Schwierigkeiten. „Es fehlt uns die Übung im Umgang mit Menschen", erklärte mir der Prior der Valsainte, als ich Gleiches in der dortigen Kartause beobachtete. „Auf Besucher wirken wir oft sehr ernst, zuweilen ein bißchen verkrampft; in Wirklichkeit aber sind wir frohe und heitere Menschen, die herzlich lachen können." Nach 25 Minuten ist die Messe zu Ende, die Besucher verlassen nur zögernd die Ka-

pelle, kaum, weil man fürchtet, Neues, Interessantes zu versäumen, sondern eher, weil die Stille und die Schlichtheit der liturgischen Handlung nachwirken.

Vom Turm der Kirche läutet eine helle Glocke zum Angelus, als ich unten im Tal, an der Correrie, das Auto besteige und in Richtung St.-Laurent-du-Pont mit Montrieux als Ziel davonfahre. Noch ahne ich zu diesem Zeitpunkt nicht, daß ich in nur zwei Monaten schon zurückkehren werde, diesmal aber aus Südfrankreich kommend, mit dem Prior von Montrieux als Beifahrer. Wie es dazu kommt, ist schnell erzählt: Als P. Jean im Laufe meines Reiseberichtes am Sonntagabend wissen läßt, daß er im Oktober als Visitator der deutschen Kartause in „La Grande Chartreuse" Station machen wird, reift in mir ein Plan: Ohne zu wissen, wieweit realisierbar, bedränge ich ihn, mich für die Fahrt nach Marienau als Chauffeur zu akzeptieren. Nach kurzem Überlegen ist er einverstanden. Acht Wochen später bin ich zurück in Montrieux, gespannt auf des Abenteuers „Große Kartause" zweiten Teil.

Als wir in Montrieux losfahren, schläft das Kloster noch. Vor uns liegen bis zur Kartause von Selignac bei Bourg-en-Bresse, wo wir übernachten werden, etwa 500 Kilometer, auf der Autobahn eine Affäre von nur vier bis fünf Stunden, auf der Landstraße im südfranzösischen Voralpenland dagegen eine zeitfressende Angelegenheit. Und schließlich nicht zu vergessen der Abstecher in die „Große Kartause"! Soll uns die Dunkelheit nicht einholen, müssen wir uns beeilen.

P. Jean neben mir betet im Schein der aufgehenden Herbstsonne das Offizium, zwischendurch bewundern wir gemeinsam eine herrliche Landschaft und plaudern über 45 Jahre Kartäuserleben. Im Unterschied zum Juli fühle ich mich frei von der Angst des unbefugten Eindringens in kartusianische Einsamkeit; da sich die Gelegenheit zu solch ausführlichem Interview mit einem Kartäuser nicht mehr finden wird, bedränge ich P. Jean mit tausend Fragen.

Zahlreiche Kurven und von Erntefahrzeugen blockierte Straßen, aber auch die Schönheit des Voralpenlandes und unser Gespräch sind schuld daran, daß wir erst gegen Mittag in der „Großen Kartause" ankommen. Die Barriere ist geöffnet, wir können passieren. Niemand begegnet uns unterwegs, auch auf dem Platz vor dem Pfortenhaus ist es still; seit meinem Besuch im Sommer hat sich nur das Laub der Bäume verfärbt, im Licht der gebrochenen Herbstsonne leuchtet es hellgelb.

Noch während wir Pakete mit Büchern und Manuskripten sortieren und auspacken, öffnet sich das Tor, und ein kleiner, ältlicher Herr in Zivil kommt mit langsamen Schritten auf uns zu. Ich erkenne ihn wieder. Er war es, der mich vor acht Wochen durch das Guckloch anvisierte und dann zurückwies. Kaum, daß er sich noch erinnert!

Noch stehen wir plaudernd im Toreingang der Pforte, als die Turmuhr mit zwölf dumpfen, schweren Schlägen Mittag anzeigt. Ihr antwortet mit mitreißend fröhlichem Klang, der bis in den letzten Winkel der klösterlichen Stadt dringt, die Angelusglocke; im Sommer hat sie mich unten im Tal zur gleichen Stunde verabschiedet. P. Jean kniet auf dem harten Pflaster nieder, mit ihm vereint sich zum Gebet in diesem Augenblick das ganze Kloster; vierzig Männer etwa gedenken in der nächsten Minute des unfaßbaren und unauslotbaren Geheimnisses der Menschwerdung Gottes in Jesus: „Und das Wort ist Fleisch geworden und hat unter uns gelebt!" Die tiefe Stille ringsum, der silberne Klang des Glöckchens und P. Jean, stellvertretend für vierzig andere, betend auf den Knien – das alles schafft eine Atmosphäre von seltener Dichte. Es braucht denn auch eine Weile, bis P. Jean, wieder vom Boden erhoben, sich mir zuwendet: „Lassen wir P. General nicht länger warten!" Auf diesen Satz habe ich acht Wochen lang gehofft; ihn anzusprechen, fehlte mir der Mut, auch heute morgen noch. Befreit atme ich auf, ich darf mit ins Kloster hinein.

Schweigend durchqueren wir den sogenannten „Ehrenhof" auf ein dreistöckiges Gebäude mit dem abstoßenden Gesicht einer Kaserne zu. In seinem Inneren umfängt uns eine kalte Luft; die dicken Wände trotzen mit Erfolg der warmen Herbstsonne. Vor uns, durch ein kunstvolles Eisengitter abgeschlossen, ein Kreuzgang, der sogenannte „Kreuzgang der Offiziere", 139 Meter lang! Noch ehe wir ihn erreichen, nähert sich uns von der Gegenseite her eine hagere, leicht nach vorn gebeugte Gestalt. Als sie P. Jean erkennt, überzieht ein freundliches Lächeln ihr von der Kälte gerötetes Gesicht. „Das nennt man pünktlich! Und Sonnenschein bringen Sie auch mit!" Bruder Theodor, der Subprokurator der „Großen Kartause", umarmt P. Jean und streckt mir seine Rechte entgegen.

Unser Gespräch dauert nur wenige Minuten, die notwendigen Informationen sind rasch ausgetauscht. Am Ende wie überall auf der Welt noch ein kurzes Wort zum Wetter: In den letzten vierzehn Tagen gab es viel Regen und Nebel, die Temperatur in der Kirche war nachts bereits auf zehn Grad abgesunken. Heute scheint nach langer Zeit wieder einmal die Sonne. Wir verabschieden uns.

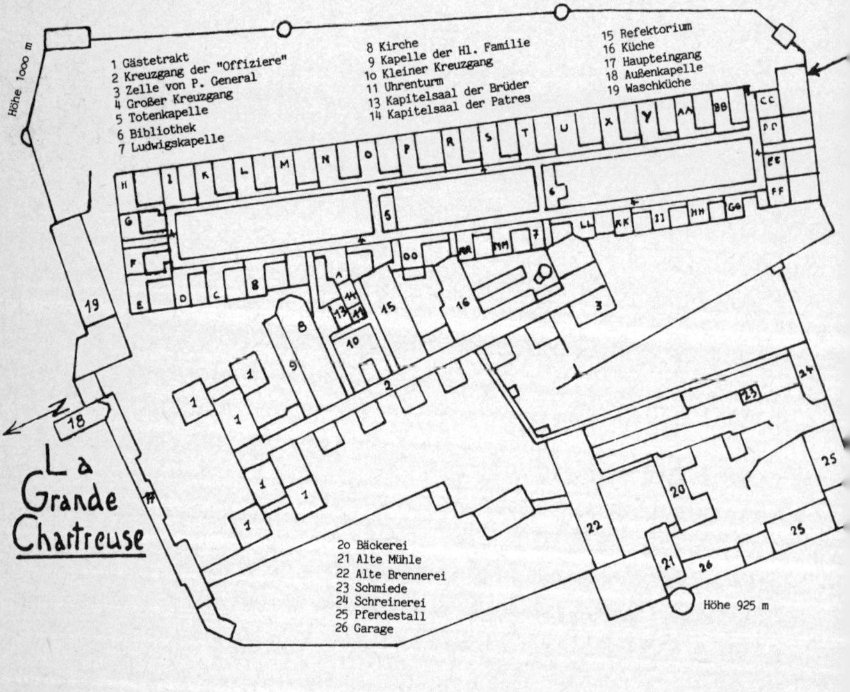

In der Hoffnung auf einen möglichen Besuch habe ich den Plan der „Großen Kartause“ studiert und weiß, daß die Zelle von P. General am Ende dieses Kreuzgangs, ganz hinten rechts, zu suchen ist. Sie ist das letzte von sieben massiven, turmähnlichen Häusern an der Westseite, die von den Ordensoberen bewohnt werden. Ihnen gegenüber liegen auf der linken Seite die Gemeinschaftsräume: die Kirche, das Refektorium und der Kapitelsaal. Ganz im Schutze dieses hochaufragenden Gebäudekomplexes verbirgt sich nach Osten hin, dem Lärm der Straße wie der Brüderwerkstätten weitgehend entzogen, das langgezogene, schmale Kreuzgangsgeviert mit den Einsiedeleien, die eigentliche „Wüste“ der „Großen Kartause“. Werde ich auch diesen Teil der klösterlichen Anlage besuchen dürfen?

An einer dunklen, von hellen Sandsteinen gerahmten Tür halten wir an; hier wohnt P. General, der Prior der „Großen Kartause“ und zugleich der Obere über etwa 500 Kartäusermönche und -nonnen. P. Jean bedient eine elektrische Klingel, nach wenigen Augenblicken schon leuchtet eine kleine, postkartengroße Lichtanzeige auf: „Bitte eintreten!“ Die Technik im Dienste der Stille, eine tolle Idee! Noch bevor ich mich genug wundern kann, stehen wir im Büro von P. General. Das Zimmer ist nur klein und mit Schreibtisch, zwei Stühlen und Holzregalen an den Wänden übervoll; die mittägliche Herbstsonne mildert nur wenig seine Kargheit. Hinter einem Berg von Akten erhebt sich eine mächtige Gestalt, kommt mit lächelndem Gesicht auf uns zu, umarmt P. Jean und reicht mir die Hand. P. General ist ein Mann in den Fünfzigern, groß und kräftig. Kein äußeres Zeichen verrät seine Würde; wie alle seine Mitbrüder trägt er die gelblichweiße Kutte aus ungefärbter Schafwolle, das Gewand der Bergbauern aus dem 11. Jahrhundert. Kein falsches Pathos auch in seinem Auftreten! Statt ernster, ehrwürdiger Miene ein lachendes, scherzendes Gesicht; statt eines feierlichen Gehabes befreiende Natürlichkeit – vom ersten Augenblick an ganz und gar liebenswürdig. Wir nehmen Platz und plaudern über Gott und die Welt – fünf Minuten, zehn Minuten lang. Dann endlich fasse ich mir ein Herz und bitte um die Erlaubnis, das Kloster anschauen zu dürfen. „Aber ja! Das dürfen Sie gerne!" Ein Anruf, und wenig später schon holt mich der Pförtner, Monsieur Michel, zum Rundgang ab.

Die Zeit ist knapp, und es drängt mich mit übergroßer Neugier hinein in das Labyrinth von Gängen und Fluren, doch der Schritt von Monsieur Michel ist langsam und schwer. Mit zum Boden gesenktem Kopf und auf dem Rücken verschränkten Händen nimmt er in fast programmierter Gleichmäßigkeit Stufe um Stufe. Und bleibt er einmal stehen, um auf dieses oder jenes mit einer flüchtigen Kopf- oder Handbewegung hinzuweisen, schaut er nach vorne, als ob er mich in der Ferne suchte. Seine Erklärungen sind kurz, aber exakt. In ihrer Monotonie wirken sie wie ein in Jahren oft und oft wiederholtes Führungsprotokoll, in dem die Sätze stilistisch rein und die Worte gezählt sind. Mein „Guide" liebt – soviel ist deutlich zu erkennen – das Schweigen mehr als das Reden.

Wir steigen über eine breite Treppe nach Osten hinauf, in Richtung der „Wüstenhälfte" des Klosters. Vor wenigen Wochen saß ich hoch oben auf einem Aussichtspunkt in der Wand des Großen Som und tastete mit meinen Augen das langgezogene Kreuzgangsgeviert unter mir ab. 35 Einsiedeleien zählte ich, 35 gleichgroße Häuschen mit Garten, die sich in gleichmäßigen Abständen an 476 Meter Kreuzgang Gesamtlänge anlehnen. Eine faszinierende Anlage, wenigstens von oben betrachtet! Und von innen? Nach kurzem Anstieg stehen wir am nördlichen Ende des untersten der beiden Kreuzgänge und schauen, seinen Anfang suchend, nach Süden. Die Perspektive, die sich uns bietet, ist einmalig! Hier waren Meister am Werk! In ganz Europa gibt es keinen Kreuzgang mit vergleichbaren Proportionen! 215 Meter wohlbehauenen Steins, von 113 Fenstern erhellt! Und 23 Meter weiter, in strenger Parallele, ein gleichlanger zweiter Gang! Dort, wo ich stehe, ist der älteste Teil des Gevierts zu suchen. Hier errichtete Guigo, der fünfte Prior der „Großen Kartause", 1132 nach der Lawinenkatastophe zunächst überdachte Gänge aus Holz. Später erst, gegen 1145, begann man, sie durch Konstruktionen aus Stein zu ersetzen und – im Laufe der nachfolgenden Jahrhunderte – nach Süden hin zu erweitern. Um 1595 etwa bietet sich das heutige Bild, ein Bild vollendeter Harmonie.

Sosehr ich auch wünsche, daß sich dieses Bild belebt, es bleibt still; nichts bewegt sich im Kreuzgang. Erst um 15 Uhr, beim ersten Schlag der dunklen Glocke, die die vollen Stunden anzeigt, werden die Mönche aus ihren Zellen heraustreten und in einer langgezogenen, schweigenden Prozession zur Vesper in die Kirche ziehen. Eine halbe Stunde später bereits wird man in gleichem, lautlosem Zug zurückkehren und nach und nach in die Einsiedeleien untertauchen. Nur insgesamt dreimal täglich, am Morgen, am Nachmittag und um Mitternacht, beleben sich Teile dieses riesigen Kreuzganggevierts für nur wenige Minuten. Länger als 23 Stunden liegen sie in tiefem Schweigen.

In meiner Begeisterung achte ich nicht auf den Weg, mit offenem Mund laufe ich neben Monsieur Michel her – und staune. Wach werde ich erst, als wir in einem Gebäude irgendwo zwischen den beiden Kreuzgängen haltmachen und ich durch die sich öffnende Tür Glasschränke und Regale emporwachsen sehe, die von unten bis dicht unter die Decke mit Büchern gefüllt sind: Exegese – Dogmatik – Liturgie – Kirchengeschichte ..., der Bestand ist wohlgeordnet. Auf einem langgestreckten Tisch in der Mitte des Saales sind Neuerscheinungen und Zeitschriften ausgelegt; neben englisch-, spanisch- und italienischsprachigen Titeln fehlen auch deutsche nicht. Hier möchte ich bleiben und studieren! Doch wie wenig sich mein Wunsch mit kartusianischen Vorstellungen deckt, erfahre ich gleich vor Ort in dem von einem Kartäuser zusammengestellten „Florilegium“, wo unter dem Stichwort „Studium“ zu lesen steht: „Um zu vermeiden, daß wir unser gottgeweihtes Leben in der Einsamkeit vertun, sollten wir mit Leidenschaft, aber auch mit Zurückhaltung studieren, nicht um unsere Lernbegier zu befriedigen, noch um Bücher zu schreiben, sondern weil weise geordnete Studien der Seele Kraft und der Kontemplation Nahrung geben.“ Knapper, aber ebenso unmißverständlich der Kommentar von Dionys dem Kartäuser († 1471) zum Thema: „Der Einsiedler studiert nicht, um mehr zu wissen, sondern um besser zu leben." Kartausen wollen – soviel ist deutlich – keine Hochschulen der Wissenschaft, sondern des Gebetes sein.

„Möchten Sie auch in eine Zelle hineinschauen?" Wir stehen im oberen Kreuzgang vor einer Tür, über der – nach der Gewohnheit alter ägyptischer Klöster – ein großer Buchstabe, hier ein R, aufgemalt ist. Aber natürlich möchte ich! Obwohl die kleinen Einsiedeleien einander gleichen, hat doch jede ihre eigene Atmosphäre. Gerne hätte ich sie auf mich wirken lassen, allein und unbeobachtet, aber mein Begleiter bestimmt den Weg und die Zeit, die Zeit aber ist knapp.

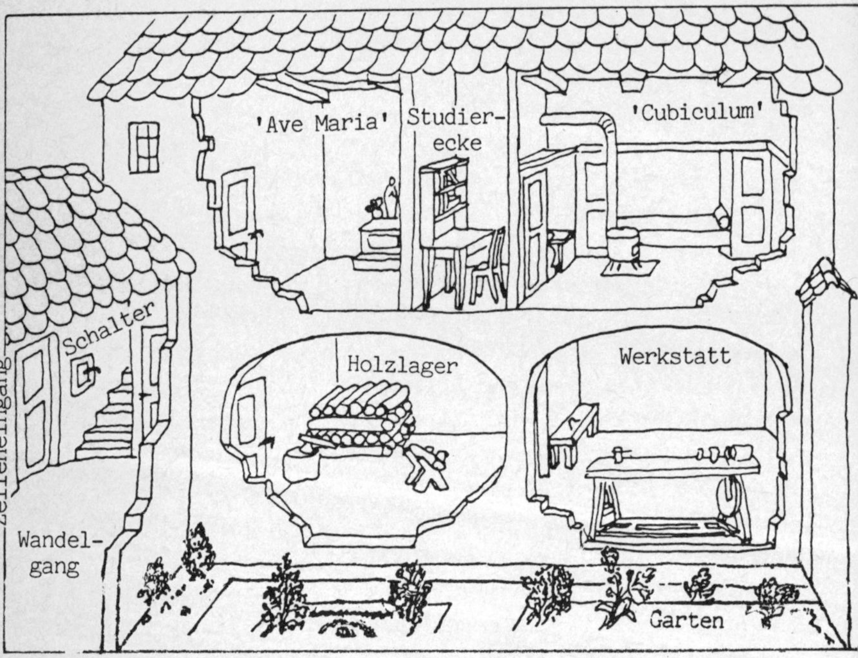

Aufriß einer Patreszelle in der „Großen Kartause"

Da Zelle R wie alle anderen nach Süden hin ausgerichtet ist, finden wir sie in das helle Licht der Nachmittagssonne eingetaucht. In ihm leuchten selbst die grauen Wände weiß auf, und das holzvertäfelte „Cubiculum" wirkt, obwohl von Staub und

Spinnfäden überzogen, anheimelnd warm. Ja, die Sonne, sie vermag zu verzaubern! Für Sekunden fühle ich mich von einer starken Sehnsucht gepackt, hier in der Freiheit von Lärm und Terminen, leben zu dürfen. Endlich einmal Zeit haben für Meditation und Gebet! Endlich einmal ganz für Gott, für ihn allein, dasein dürfen! Daß ich hier ganz und gar zu kurz sehe, erkenne ich bereits am Abend, als ich lese, was der 86jährige Alt-Prior der schweizerischen Kartause „La Valsainte" zur Einsamkeit bemerkt: „Man muß zwischen der Einsamkeit von einigen Tagen und jener eines ganzen Lebens unterscheiden. Es ist fast immer die Einsamkeit, die die Kandidaten abreisen läßt ... Ein Trappist kann von den Feldern ins Büro wechseln oder zu anderen Beschäftigungen, wir sind dagegen unter Umständen ein Leben lang auf dieselbe Zelle verwiesen. Die Einsamkeit ist für unsere heutige Jugend sehr hart!" (Ganne, S. 156).

Eine Stunde lang spazieren wir flüsternd über Treppen und Stiegen, machen im Uhrenturm bei der riesigen Glocke halt, die – von einem komplizierten Mechanismus angetrieben – das Leben einer ganzen Klosterstadt bestimmt; gelangen über offene Balken in ein weiträumiges Dachgeschoß, in dem die Novizen sich bei Regen und Schnee am Sonntagnachmittag zur gemeinsamen Erholung treffen; stehen unversehens in jenem Saal, in dem sich die Prioren aller Kartausen alle zwei Jahre zum Generalkapitel versammeln, und schauen auch noch in ein Dutzend der 37 Kapellen hinein, die es in der „Großen Kartause" gibt. In dem Gewirr von Ebenen, Gängen und Räumen verliere ich bald schon jede Orientierung; mein „Guide" genießt mein Staunen und wird von Minute zu Minute gesprächiger. Ja, er sei schon viele Jahre im Kloster, ein Freund des Hauses sozusagen, der sich an der Pforte nützlich mache. Das Leben sei hart, aber für ihn gebe es nichts Schöneres, als in der Nähe der Mönche zu leben. Natürlich kenne er sie alle, schließlich sei er es ja, der ihnen das Klostertor öffne und sie einlasse.

Geschickt hat Monsieur Michel es so eingerichtet, daß unser Rundgang in der Kirche endet. Trotz der hellen Herbstsonne empfängt uns in ihrem Inneren ein dämmriges Halbdunkel. Allmählich erst gewinnen die für eine Kartäuserkirche wenigen

Einzelheiten ihre Konturen: ein schmales, durch die Hanglage besonders hohes Schiff; an seiner Rückwand eine doppelte Empore für Besucher, in der Hauptsache für Aspiranten; an den beiden Längsseiten kunstvoll skulptiertes Chorgestühl mit einem im gleichen Stil gearbeiteten Lesepult in der offenen Mitte und schließlich, direkt vor uns, im wenig erhöhten Chorraum, der Altar, ein mächtiger, vierkantig behauener Monolith. Wie überall im Kloster fehlt jeder Prunk; in echtem Kartäusergeist ist auf alles verzichtet, was vom Gebet ablenken könnte. Der Blick nach vorne wird einzig von zwei Ikonen und einem meterhohen Kreuz an der halbrunden Rückwand angezogen. Trotz der zwei Meter dicken Mauern ist es kalt, ein Thermometer in der Nähe des linken Chorgestühls zeigt nur zwölf Grad an. „Im Winter", erklärt Monsieur Michel, als ich ihn fragend anschaue, „hilft eine Bodenheizung. Das Klima hier ist hart, Nachttemperaturen von 20 Grad minus sind keine Seltenheit. Da kann man nicht zwei bis drei Stunden stille stehen und beten!"

Der Abschied vollzieht sich wie die Ankunft ohne jeden „Bahnhof". Allein der Pförtner, mein geheimnisvoller „Guide", begleitet uns bis zum Wagen. Breitbeinig und mit auf dem Rükken verschränkten Händen steht er in respektvoller Entfernung abseits und beobachtet, wie wir uns für die Weiterfahrt rüsten. Als wir starten, hebt er die Rechte zum Gruß und geht – wie ich noch im Rückspiegel zu erkennen vermag – mit gewohnt schwerem Schritt auf das Pfortenhaus zu. Sein Geheimnis, das sich im Laufe des Rundgangs in mir verdichtete, bestätigt dann auch P. Jean: Vor vierzig Jahren etwa trat Monsieur Michel in die italienische Kartause Farneta ein, um Kreuzgangsmönch zu werden. Aber schon nach drei Jahren, als Jungprofeß noch, zwingt ihn eine Krankheit, die Zelle wieder zu verlassen wie auch einen Versuch als Brudermönch abzubrechen. Zurück in der Welt, läßt ihn die Sehnsucht nach der Einsamkeit jedoch nicht mehr los. Seiner Bitte, im Kloster als einfacher Arbeiter leben zu dürfen, entspricht schließlich die „Große Kartause". Seit vierzig Jahren hilft er hier, wo er gebraucht wird, in tiefer Demut und Bescheidenheit – als Letzter der Letzten, auch ohne Kutte ein echter Kartäuser.

2. Der Versuch

Herr A. war gerade zwanzig Jahre alt und Student der Theologie, als ihm das Taschenbuch des französischen Journalisten André Frossard über „Mönche und Jesuiten" in die Hände fiel. Das Thema interessierte ihn nicht besonders. Bis er in der Hälfte des Büchleins auf das Kapitel über die Kartäuser stieß. Kleinkindern gleich, die ein und dasselbe Märchen nicht oft genug hören können, las er die vierzehn Seiten immer wieder. Begierig nach weiteren Informationen, wandte er sich direkt an die Kartause in Düsseldorf-Unterrath, deren Adresse er in einem Klosterführer gefunden hatte. Nach wenigen Tagen schon erreichte ihn eine kleine Broschüre mit dem Titel „Das Leben der Kartäuser", grau und unansehnlich, dreißig Seiten dick. Doch wie streng und ernst klang, was hier über die Einsiedlermönche gesagt wurde! Ernüchtert und enttäuscht legte er das Heftchen zur Seite, jedoch für wenige Tage nur; denn das Thema hatte ihn bereits zu tief gepackt, als daß er es noch hätte vergessen können. Um die Wirklichkeit vor Ort zu prüfen, bat er in einem zweiten Brief um die Erlaubnis, die Kartause besuchen zu dürfen. Der Prior war einverstanden.

Als er anreiste, regnete es in Strömen, und es regnete auch noch, als er nach acht Tagen wieder abreiste. Acht Tage lang weigerte sich die Sonne strikte, das Viereck von Wald im Norden Düsseldorfs, in dem sich das Kloster versteckte, mit einem erwärmenden und erhellenden Strahl auch nur zu berühren. In seinem Zimmer, einem hohen Raum mit Eisenbett, Waschkommode, Tisch und Stuhl, war es kalt und ungemütlich, doch er bemerkte es nur am Rande. Voller Ungeduld wartete er dreimal am Tage auf die Glocke, die die Klostergemeinde am Morgen, am Nachmittag und in der Nacht zum gemeinsamen Gebet in die Kirche rief.

Gleich beim ersten Anschlag eilte er zur Empore, um von hier oben – hinter einer Balustrade versteckt – die Mönche zu beobachten, wenn sie einzeln und mit entblößtem Haupt durch eine Seitentür nahe dem Altarraum den Chor betraten, sich vor dem Altar verneigten und anschließend ihren Platz im Chorgestühl aufsuchten. Nur in diesen wenigen Sekunden konnte er ihnen ins Gesicht schauen, doch die wenigen Augenblicke reichten aus, sich die Physiognomie der zwölf Gestalten einzuprägen.

Zweimal in diesen Tagen, am Anfang und am Ende seines Aufenthaltes, besuchte ihn der Novizenmeister. Seitdem feststand, daß die

Kartause dem nahegelegenen Flughafen Düsseldorf-Lohausen weichen und ins Allgäu umziehen würde, hatte er keine Novizen mehr. Er war ein liebenswürdiger Mensch zwischen 50 und 60 Jahren, von asketischer Gestalt. Während eines Spaziergangs durch das todgeweihte Kloster erzählte er aus der Geschichte des Ordens, von seiner Aufgabe, vom Leben in der Einsamkeit. Kompromißlos jedoch klang, was er beim Abschied zur Kartäuserberufung sagte: „Nur die Liebe zu Gott, die Sehnsucht nach dem beschaulichen Leben, dem Leben der Vereinigung mit Gott in der Einsamkeit und heiligem Schweigen, das Verlangen, ein ‚Laus Dei', ein ‚Gotteslob', zu sein, sind Motive für einen Eintritt. Im übrigen dürfen Sie ruhig wissen" – der Satz hat sich eingeprägt, weil er weh tat –, „daß uns gar nichts daran liegt, viele Novizen zu haben, daß wir aber um solche Novizen beten, die, wie die heilige kleine Theresia von Lisieux, ‚Schlachtopfer der Liebe' werden wollen."

Nach der Rückkehr aus der Kartause war Herr A. sicher, seinen Weg gefunden zu haben. Am liebsten hätte er den Koffer schon gleich gepackt, wenn da nicht die Mutter gewesen wäre. Mit einem kleinen Lebensmittelgeschäft, einem „Supermarkt" auf 14 Quadratmetern, versuchte sie, obwohl zu gütig und zu mitleidig für den Kaufmannsberuf, ihre bescheidene Kriegerwitwenrente aufzubessern, um ihre beiden Kinder, den Sohn und die Tochter, nicht von der Schule weg in die Fabrik schicken zu müssen. Ihre Kinder waren ihr Lebensinhalt. Daß der Sohn das Abitur schaffte und sich dann auch noch für das Studium der Theologie entschied, um Priester zu werden, war ihr tausendfache Entschädigung für alle Mühen und mancherlei Entbehrungen. Wie sie auf seinen Wunsch, Kartäuser zu werden, reagierte, war vorauszusehen: Sie weinte, still und lautlos, als sie nur das Stichwort „Kloster" hörte. Den Sohn gar in die Kartause ziehen zu lassen bedeutete für sie, ihn für immer verlieren. Zwar bestand die Möglichkeit, ihn dort jedes Jahr für zwei Tage zu besuchen, aber die übrigen 363 Tage im Jahr wäre sie allein. Nein, niemals konnte sie der Klosteridee zustimmen!

Zwei Jahre währte der innere Kampf; nach dem Wintersemester, das Mitte Februar zu Ende ging, war er entschieden: Herr A. kündigte der schweizerischen Kartause La Valsainte, die in den Jahren des Umzugs die deutschen Postulanten aufnahm, für Mitte Mai seinen Eintritt an. In seinen Plan weihte er allein die Schwester ein, der Mutter erzählte er von Exerzitien bei den Kartäusern. Seine Beobachtungen, Erfahrungen, Empfindungen und Betrachtungen im Kloster vertraute er einem Tagebuch* an:

---

* Für die Überlassung dieses Tagebuches sei Herrn A., einem Freund meines väterlichen Freundes, an dieser Stelle gedankt. Aus Platzgründen wurden über

Mittwoch, 16. Mai

„Die Kartause La Valsainte liegt im Greyerzerland nahe bei Charmey, am Ende des Javroz-Tales auf einer Höhe von 1000 m", hatte mir der Novizenmeister in seinem letzten Brief geschrieben. „Gewöhnlich nimmt man in Bulle, der nächst größeren Stadt, den Autobus bis Crésuz, hier steigt man um in die Autopost. Diese verkehrt allerdings nur zweimal am Tag, an Sonntagen sind wir ganz von der Außenwelt abgeschnitten.

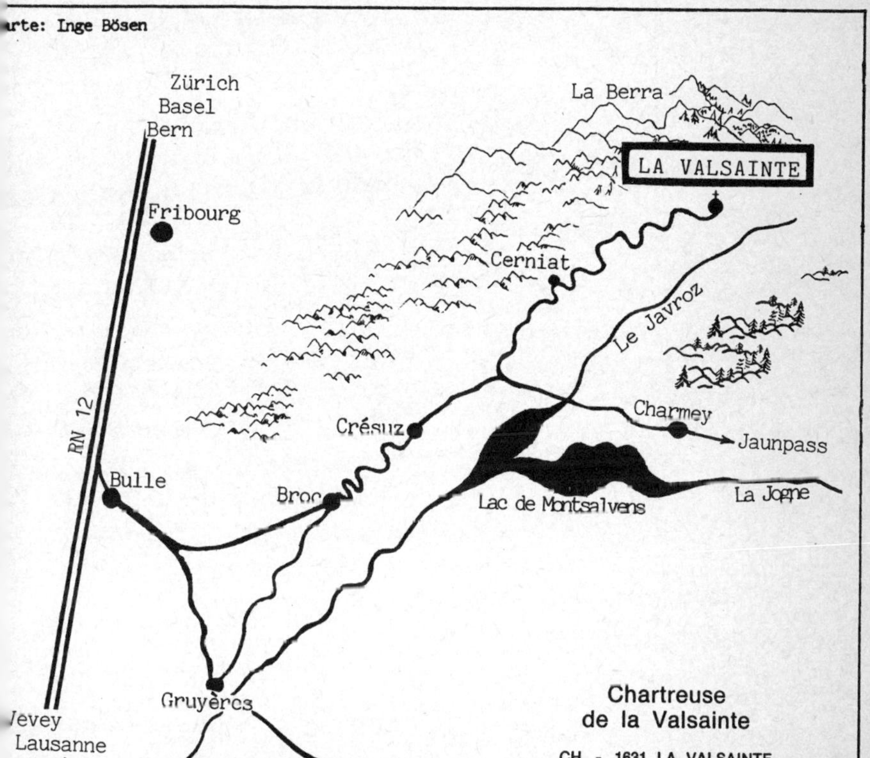

wenige persönliche Eintragungen hinaus in der Hauptsache nur jene Notizen verarbeitet, die einen Einblick in den Kartäuseralltag und in die kartusianische Spiritualität geben.

Vielleicht können Sie Ihre Anreise so planen, daß Sie Anschluß haben; andernfalls müßten Sie die 5½ Kilometer bis zu uns hinauf zu Fuß zurücklegen."

Ich muß, denn die Autopost ist schon lange weg, als ich in Crésuz den Bus verlasse. Zu allem Pech regnet es auch noch; aus einem dunkelgrauen Himmel fällt ein kalter, alles durchdringender Landregen. Ein Schild am linken Straßenrand zeigt ins Tal hinauf: „La Valsainte". Der Weg, ein nur schmaler Feldweg aus Schotter und Sand mit vielen Schlaglöchern und Rinnen, ist gut zu gehen; hinter jeder Biegung hält er eine neue Überraschung bereit – eine einzigartige Berglandschaft mit sanften Hügeln und Hängen, überzogen von hellgrünen Wiesen und dunklen Tannenwäldchen, durchsetzt von breit ausladenden, mächtigen Bauernhöfen. Ich bin allein unterwegs. Cerniat, ein kleines Dorf, das ich passiere, ist wie ausgestorben. Der Regen hält die Menschen in ihren Häusern fest.

Als ich nach anderthalbstündiger Wanderung um 18.40 Uhr müde und durchnäßt an der Kartause ankomme, schläft das Kloster bereits. Ich läute. Der helle Klang der Glocke zerreißt die lautlose Stille im weiten Umkreis. Nach wenigen Minuten schon öffnet sich die Pforte, und P. Novizenmeister empfängt mich – mit weit geöffneten Armen. Nach einem Tag großer Einsamkeit in Zügen und Bussen und zuletzt auf der Landstraße fühle ich mich wie zu Hause.

Eine Stunde noch sitzen wir im Gästezimmer zusammen, wo ein Abendessen für mich bereitsteht; dann bringt P. Magister mich durch schweigende, nur schwach erhellte Gänge zur Zelle N, meinem künftigen Domizil. Gleich morgen früh vor der Messe werde ich ihn wiedersehen.

Donnerstag, 17. Mai

Der erste Tag in der Kartause – ein Tag voll tiefer Eindrücke!

Damit ich mich von den Strapazen der Reise erholen kann, weckt man mich erst am Morgen, um 5.45 Uhr. – Gegen 6.55 Uhr kommt P. Novizenmeister, um mich zur Kirche zu führen.

Schweigend warten wir im Wandelgang auf die Anzeige der Kirchenuhr. Als sie endlich laut und schwerfällig den letzten von sieben Tönen anschlägt, treten wir nach draußen. Ein schneller Blick in den Kreuzgang zeigt mir, daß gleichzeitig mit uns andere weiß- und schwarzgekleidete Gestalten ihre Zellen verlassen haben, um sich auf den Weg zur Kirche zu machen. Mit leicht nach vorne geneigtem und von der Kapuze verhülltem Kopf, die Hände in den weiten Ärmeln der Kutte versteckt, folgen sie schweigend einem jahrzehnte-, teilweise gar jahrhundertealten „Pfad“. Durch den Zellenabstand bedingt, ist die Reihe zunächst weiter auseinandergezogen, doch bald schon wird sie dichter, da weitere Gestalten aus Seitengängen hinzustoßen und sich einreihen.

Einmal eingegliedert in die Kette, lasse ich mich im Schatten des Novizenmeisters treiben. Nur am Rande nehme ich wahr, daß der Weg über Treppen hinaufführt und mehrmals die Richtung wechselt. Erst der Glanz eines Parkettbodens läßt mich aufschauen; wir stehen in der Kirche, mitten zwischen zwei Chorstuhlreihen. P. Novizenmeister führt mich nach links zu meinem Platz. Mein Nachbar zur Rechten ist ein Novize im schwarzen Mantel. Und zu meiner Linken? – Schlurfend nähert sich mir mit winzigen Schritten vom Altare her eine kleine, vom Alter gekrümmte Gestalt. Um zu sehen, wo sie sich einreihen kann, schaut sie kurz auf, erkennt das neue Gesicht, stutzt, schaut ein zweites Mal – und dann geschieht es, völlig unerwartet in der feierlich-ernsten Umgebung: Ein strahlendes Lächeln überzieht für einen kurzen Moment das alte, von Leiden gezeichnete Gesicht, ein verschmitztes Augenzwinkern noch – und schon hat es sich zum Altar hin umgedreht. Ein stummer Willkommensgruß nach Kartäuserart!

Gleich nach der Rückkehr in die Zelle drängt es mich, mein neues Zuhause näher in Augenschein zu nehmen. Gestern abend fröstelte es mich, als ich die von nackten Glühbirnen erhellten Räume durchwanderte; ihre kahlen, weißgetünchten Wände wirkten kalt, die breiten Bohlen ihrer Fußböden, seit Jahrzehnten nur mit klarem Wasser gereinigt, erschienen schmutziggrau. Jetzt, im Licht der Morgensonne, sieht dieselbe

Wirklichkeit zwar gleich karg, aber doch freundlicher aus. Viel zu besichtigen gibt es nicht: Das ans „Cubiculum" angrenzende „Ave Maria" ist bis auf einen Betstuhl leer; an der Rückwand des ihm vorgelagerten Wandelgangs prangt ein mannshohes schwarzes Holzkreuz. Ein kurzer Blick noch in die Durchreiche neben der Tür, und ich steige über eine aufstöhnende Holztreppe ins Souterrain hinab. Auch hier, in der Werkstatt und im benachbarten Holzlager, die gleiche Ordnung und Sauberkeit wie im Obergeschoß. Zelle N ist tatsächlich, wie P. Novizenmeister beiläufig bemerkte, eine schöne Zelle, von ihrem früheren Bewohner, einem Vietnamesen, mit Sorgfalt gepflegt. Allein der Garten, ein etwa 100 Quadratmeter großes Viereck, sieht etwas verwildert aus. Vier mit roten Backsteinen markierte Beete und ein Rondell in der Mitte drohen im Unkraut zu ersticken. Hier werde ich heute noch mit der Arbeit beginnen!

Ich habe das „Cubiculum" gerade ein wenig aufgeräumt, den Strohsack gedreht und die Decken zusammengefaltet, als die Zellenglocke anschlägt. Vor der Tür steht Dom Dominique, der Novize, mit dem mich P. Novizenmeister nach der Stillmesse im Noviziat bekannt machte. Er ist Schweizer, erst 22 Jahre alt und schon zwei Jahre in „La Valsainte". In fünf Wochen wird er die ersten Gelübde ablegen, d. h. sich für drei Jahre an den Orden binden.

Dom Dominique hat den Auftrag, mich in den Kartäuseralltag und in die kartusianische Gebetspraxis einzuführen. Eine Stunde lang sitzen wir zusammen, studieren den Tagesplan und probieren im Oratorium die vorgeschriebenen Gebetshaltungen, und ich bin fürs erste gerüstet, um den Weg in die Einsamkeit anzutreten.

Und noch ein letztes Erlebnis an diesem Tag! Eine Viertelstunde vor der Vesper, um 14.30 Uhr, besucht mich P. Novizenmeister zum zweitenmal für heute. Ich erwarte ihn – wie am Vorabend abgesprochen – im Oratorium, der kleinen Gebetsecke im „Cubiculum". Wie allen Postulanten wäscht er mir in Erinnerung an die Liebestat Jesu im Abendmahlssaal die Füße (vgl. Joh 13, 1–20), dabei betet er Ps 51: „... Wasche mich bis auf den Grund von meiner Schuld, von meinen Sünden reinige mich ...

Besprenge mich mit Hysop, und ich bin rein; wasche mich, und ich bin weißer als Schnee ..." P. Magister spricht langsam, seine Stimme klingt nüchtern, rauh, ohne Pathos.

Die kleine Zeremonie endet damit, daß ich die weißen Kartäuserstrümpfe und groblederne Schuhe anziehe und schließlich einen weiten, bis zum Boden reichenden schwarzen Mantel umhänge. Mantel, Schuhe und Strümpfe verbinden den Neuankömmling bereits zeichenhaft mit der Klostergemeinde. Erkennt er den begonnenen Weg als den seinen, kann er in vier Wochen schon um das Ordensgewand bitten; findet er dagegen, daß er sich getäuscht hat, braucht er nur Schuhe und Strümpfe auszuziehen, um davongehen zu können.

Sonntag, 20. Mai

Der erste Sonntag in der Kartause! Nach drei Tagen des Alleinseins und des Schweigens freue ich mich auf den ersten direkten Kontakt mit den Novizen und Jungprofessen. Wir begegnen uns nach der Non in der Noviziatskapelle, wo wir uns zur sonntäglichen Konferenz, d. h. zum Studium der Ordensbräuche und -satzungen und zur Einführung in kartusianische Lebenspraxis und Spiritualität, versammeln. Während wir uns im Kreis gegenübersitzen, habe ich erstmals Gelegenheit, die Gesichter der einzelnen aus der Nähe zu betrachten. Ich zähle zehn, die meisten in meinem Alter, ein einziges nur scheint älter, zwischen Vierzig und Fünfzig. Als P. Novizenmeister mich kurz vorstellt, nickt man mir von allen Seiten zu. Stürmisch begrüßt man mich nach der Konferenz im großen Klostergarten unterhalb der Zellen. Zehn Händepaare strecken sich mir entgegen, in wenigstens vier Sprachen heißt man mich willkommen. Eine Stunde lang spazieren wir anschließend in kleinen Gruppen durch den Garten. Ich muß von meinen ersten Eindrücken erzählen, antwortend gibt man mir Tips aus eigener Erfahrung: Man warnt und man tröstet, zuletzt, als die Glocke allzuschnell das Ende der Erholung anzeigt: „Bei gutem Wetter werden wir uns morgen wiedersehen!"

Auf dem Klostervorplatz vor dem Aufbruch zum wöchentlichen Spaziergang

Montag, 21. Mai

Das Wetter ist gut! An der „Tabula“, der stummen „Informationsbörse“ gegenüber dem Eingang der Kirche, die jeder der Kreuzgangmönche dreimal am Tage passiert, zeigt am Morgen nach der Konventmesse ein Schild in Großbuchstaben „SPATIAMENTUM“ an; der Spaziergang findet also statt, wie immer in der Zeit zwischen Mittagessen und Vesper. Daß er nicht mit einer Sonntagspromenade im Kurpark zu verwechseln ist, erfahre ich gleich heute. P. Novizenmeister, um den sich das Noviziat in einem Winkel des Klostervorplatzes geschart hat, nennt als Ziel die „Berra“, den Hausberg der Kartause. Bis zu seinem Gipfel über uns sind 700 Höhenmeter zu überwinden. Wenn wir ihn in den vier Stunden des Spaziergangs erreichen wollen, müssen wir uns beeilen. Und wie wir uns plagen! P. Novizenmeister wählt den direkten Weg bergan, über eingezäunte Wiesen, durch jüngere und ältere Tannenwäldchen, vorbei an Gräben und schluchtenartigen Verwerfungen. Nach zwei Stunden endlich haben wir es geschafft; wir stehen auf dem Gipfel, 1723 Meter über dem Meeresspiegel. Vor uns tut sich, in welche Richtung wir auch schauen, eine einmalige Landschaft auf. Ich möchte sie Parzelle für Parzelle in mich hineintrinken, aber die Zeit reicht nicht. In „fliegendem“ Abstieg erreichen wir die Kartause pünktlich in dem Augenblick, als die Glocke zur Marienvesper ruft. Schnell noch, bevor wir durch die Pforte in den Innenhof eintreten, einen Wink mit der Hand und „Eine gute Woche!“, und schon marschieren wir schweigend, Mann hinter Mann, zu unseren Zellen. Vor mir Dom Etienne, der Noviziatsälteste, der mich zuletzt als Begleiter ausgesucht hat. Er kommt aus Deutschland und war vor seinem Eintritt vor drei Jahren sieben Jahre Weltpriester. Wir verstanden uns auf Anhieb. Hoffentlich habe ich bald wieder Gelegenheit zum Gespräch mit ihm!

Donnerstag, 24. Mai

Ohne das Zettelchen von Dom Dominique an der Tür hätte ich es vergessen: „Donnerstags von 14.00 bis 14.30 Uhr Gesangstunde in der Noviziatskapelle!“ P. Novizenmeister, selber ein ausgezeichneter Sänger, der mit den Engeln im Himmel wetteifert, empfängt uns mit einer kritischen Analyse der Offizien der letzten Tage, wechselt aber bald schon zu den liturgischen Gesängen der kommenden Woche. O nein, er ist nicht leicht zufriedenzustellen! Hier stimmen Lautstärke und Tempo nicht, dort lassen Klang und Stimme zu wünschen übrig. „In der Liturgie“ – und hier kann er begründend auf die Statuten verweisen (3.7.) –, „in der Liturgie betet Christus in uns, und zwar so, daß wir in ihm unsere Stimme und in uns seine Stimme erkennen!“ Und so singen wir mit ganzer Inbrunst und Hingabe, voller Freude darüber, wenn wir einen Katarakt aus Halb- und

Ganztönen ohne Sturz überwinden, unmerklich aufstöhnend aber, wenn wir den Marsch durch ein schwieriges Notengebirge ein zweites, ein drittes, ja zuweilen ein viertes Mal antreten müssen. Nach einer halben Stunde ist es geschafft! Ein kurzes „Gelobt sei Jesus Christus!“, und wir machen uns schweigend auf den Weg zu unseren Zellen. In mir klingt viele Tage nach, was P. Novizenmeister mir im Hinausgehen zuflüstert: „Sie haben eine gute Stimme!“

Montag, 28. Mai

Spaziergang in dauerndem Schneeregen über aufgeweichte und glitschige Pfade hinauf auf die erste Höhenkette der „Dents Verts“, die ich von meiner Zelle aus sehen kann! Die Strapazen des Aufstiegs belohnt ein einmaliger Blick auf die Kartause. Von Südosten her zeigt sie ihre schönste Seite – im Vordergrund auf leicht ansteigendem Gelände zwei Kreuzgänge, der eine 130 Meter, der andere gar 180 Meter lang, an die sich 24 Einsiedeleien anlehnen. Überragt werden sie nach Norden hin von der Kirche, den Gemeinschafts- und Wirtschaftsgebäuden und zwölf weiteren Zellen. Eine ausgedehnte Klosterstadt, die von hier oben unwirklich schön aussieht, wie ein von Künstlern gefertigtes Modell aus rot- und blaubedachten Häusern und Häuschen inmitten einer einzigartigen Berglandschaft.

Frustriert hat mich das Gespräch mit Dom Franziskus beim Aufstieg. Obwohl wir gleichaltrig sein dürften, fanden wir keine gemeinsame Frequenz, auf der wir uns verständigen konnten. Er wußte einfach alles besser.

Bestens verstand ich mich dagegen mit Dom Jean-Pierre, einem quicklebendigen Amerikaner. Wenn doch sein Deutsch und sein Französisch nicht so miserabel wären! Als er von meiner Fahrt nach Italien im letzten Jahr und von meinem Besuch in der Einsiedelei von Camaldoli hörte, mußte ich ihm die Klosteranlage bis ins Detail hinein beschreiben. Gleich in den nächsten Wochen werde ich ihn mit einer Rekonstruktionszeichnung überraschen.

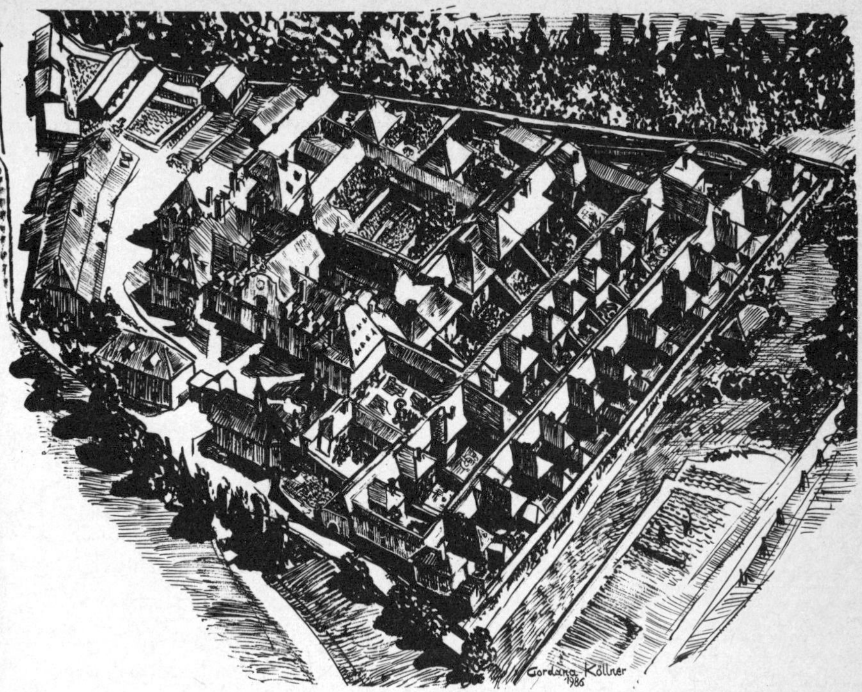

Die Kartause La Valsainte von Südwesten her gesehen

Dienstag, 29. Mai

„Mein Gott, verzeih mir meine Aggressionen während des Offiziums in der vergangenen Nacht!" Dom Martin, mein Nachbar zur Rechten, fühlte sich offenbar so in Form, daß er seine bisherige Zurückhaltung vergaß und laut losbrummte, allerdings permanent zwei bis drei Töne tiefer als angegeben. Ein einziger Graus auch der näselnde Gesang von Dom Oreste zu meiner Linken! Gegen beider Stimmen hatte ich keine Chance, dennoch kämpfte ich weiter. Aus Ärger, wie ich eingestehen muß, aber auch aus dem Gefühl heraus, daß gerade diese Mischung aus Wohlklang und Dissonanz dem lieben Gott vielleicht gefallen könnte. Am Ende schämte ich mich vor mir selber, hatte ich in beiden doch äußerst liebenswürdige Nachbarn gefunden.

Dom Martin durfte ich beim gestrigen Spaziergang näher kennenlernen, mit Dom Oreste werde ich erst in einigen Jahren, nach dem Wechsel zu den Großprofessen, sprechen können. Bis dahin bleibt unser Kontakt notwendig auf ein Nicken, ein Lachen, ein Augenzwinkern beschränkt. Obwohl schon 84 Jahre alt, kommt er noch regelmäßig Nacht für Nacht zum Offizium. Bevor er mit 59 Jahren den weißen Habit der Kartäuser anzog, trug er das violette Gewand eines Domherrn. Er mußte damals lange um Aufnahme bitten, da man bei Älteren wegen der Schwierigkeit der Eingewöhnung vorsichtiger ist. Bisher hatte mich sein verschmitztes Lächeln am Ende des Offiziums für alles überlaute Näseln entschädigt, letzte Nacht jedoch waren es der Mißtöne zuviel – und das gleich von beiden Seiten!

Freitag, 1. Juni

„Abstinentia!" Mit einem kleinen Karton in der Durchreiche hatte ich gestern der Küche angezeigt, daß ich heute bei Brot und Wasser fasten wollte, zusammen mit den Novizen und Jungprofessen, die alle nur einen Fasttag im Monat halten dürfen. P. Novizenmeister achtet streng darauf – monatliche Gewichtskontrollen und eine aufmerksame Küche helfen ihm dabei –, daß hier niemand falschen Eifer zeigt. Der Praxis der Wüstenväter vom Anfang und auch des mittelalterlichen Mönchtums steht er skeptisch gegenüber. Über Bernhard von Clairvaux (1090–1153), der sich durch übertriebenes Fasten ein unheilbares Magenleiden zuzog und seinen Geschmackssinn verlor, kann er nur den Kopf schütteln. „Fasten gehört zweifellos fest zur mönchischen Existenz. Es hat jedoch keinen Sinn in sich, sondern ist lediglich Hilfsmittel auf unserem Weg zu Gott. Dadurch, daß der Verzicht auf Essen und Trinken nachgewiesenermaßen das Denken erleichtert, die Phantasie anregt und die Aufnahmefähigkeit steigert, erhellt er den natürlichen Sinn für die übernatürliche Wirklichkeit und bereitet so den ganzen Menschen für den Glauben vor." – Der erste Fasttag vergeht ohne besondere Probleme. Ich fühle mich gut, obwohl der Magen ab und zu zwickt und rumort.

Sonntag, 3. Juni

Den ganzen Abend über beschäftigte mich, was P. Novizenmeister heute in der Konferenz – ich vermute, mit Blick auf mich und meine familiäre Situation – über die Nachfolge gesagt hatte: „In der Diskussion sparen wir gewisse Jesusworte zur Nachfolge gerne aus! Der Grund ist einfach: Sie sind von diamantener Härte, so kompromißlos und so radikal, daß wir uns mit ihrer Interpretation schwertun. Wie beispielsweise bei diesem Logion: ‚Wenn jemand zu mir kommt und nicht Vater und Mutter, Frau und Kinder, Brüder und Schwestern, ja sogar sein Leben gering achtet, dann kann er nicht mein Jünger sein' (Lk 14,26). Die Forderung klingt ungeheuerlich! Wie weit darf sie wörtlich, wie weit als rhetorische Übertreibung verstanden werden? Zwei thematisch verwandte Logien geben die Antwort! Einem, der darum bittet, vor Eintritt in die Nachfolge von seiner Familie Abschied nehmen zu dürfen, antwortet Jesus mit unüberhörbarer Schärfe in der Stimme: ‚Keiner, der die Hand an den Pflug gelegt hat und nochmals zurückblickt, taugt für das ‚Reich Gottes' (Lk 9,62). Und einem anderen, der zuvor einer heiligen Sohnespflicht genügen und den toten Vater beerdigen will, begegnet er mit dem unerträglichen Wort: ‚Laß die Toten ihre Toten begraben!' (Lk 9,60). Es gibt keinen Zweifel: Von dem, der sich ihm anschließt, verlangt Jesus den totalen Bruch mit Brauchtum und Sitte, mit Gesetz und Frömmigkeit. Damit der Jünger ihm ungeteilt und mit seiner ganzen Existenz anhangen kann, läßt er Rücksichten auf Familie und Angehörige nicht zu. Jesus duldet keinen Kompromiß!" An dieser Stelle hatte P. Novizenmeister kurz angehalten, um dann aber mit nachdenklicher Stimme fortzufahren: „Unser Orden macht mit Jesu Forderungen Ernst. Wir haben den Kontakt mit unseren Angehörigen zwar nicht ganz abgebrochen, begrenzen ihn aber auf ein Maximum von zwei Tagen im Jahr. Es ist dies ein schweres Opfer – für uns wie auch für unsere Eltern und Geschwister. Dürfen wir es ihnen zumuten, ohne herzlos zu erscheinen? – Ich bin sicher, daß Jesus sie trösten wird, wie er einst die Witwe von Naim tröstete."

Dienstag, 5. Juni

Nach dem Mittagessen spaziere ich gerade durch den Garten, als die Zellenglocke anschlägt. Voll neugieriger Erwartung stürme ich die Treppe hinauf und stehe nach vier Sprüngen vor ... P. Prior, einem Patriarchen von Gestalt, groß und mächtig, unter der Last der Jahre leicht nach vorn gebeugt. Beschämt schaue ich zu ihm hinauf und treffe auf ein breites, wohlwollendes Grinsen in seinem Gesicht. Er ist gekommen, um mich zu besuchen, wie er reihum jeden der Patres in seiner Zelle alle vier Wochen einmal besucht. Eine halbe Stunde etwa spazieren wir plaudernd im Wandelgang auf und ab, acht Meter hin und acht Meter zurück. Ausführlich muß ich von meinen ersten Gehversuchen in der Einsamkeit erzählen – vom Essen und Schlafen, von der Handarbeit und dem Studium, von den tausend Kleinigkeiten, die den Kartäuseralltag füllen. Dom Augustin hört mit zum Boden gesenkten Augen aufmerksam zu, fragt gelegentlich nach, macht hier und da eine kurze Bemerkung oder nickt bestätigend. Erst später werde ich erfahren, daß er schon seit über 40 Jahren in „La Valsainte" lebt. Hätte er seinem Vater gefolgt, wäre er Pharmazeut in der nahen Kleinstadt geworden, Nachfolger in einer gutgehenden Apotheke. Doch der Sohn wollte anderes: Mit 21 Jahren tritt er gegen den Willen seiner Eltern in „La Valsainte" ein und wird dort mit 34 Jahren schon Prior. Zwanzig Jahre später wird Gilbert Ganne, der Autor des Buches „Ceux qui ont tout quitté", von ihm schreiben: „Fast könnte man sagen: Die Valsainte, das ist er!" (153).

Donnerstag, 7. Juni

Zum ersten Mal kann ich nicht einschlafen. Seit 18.30 Uhr wälze ich mich auf dem mit Stroh gefüllten Leinensack hin und her und zähle die Schläge der Turmuhr, die als einziges alle Mauern durchdringen und selbst im letzten Winkel der Kartause zu hören sind. Es war ein harter Tag heute! Vom frühen Morgen bis zum späten Abend hingen graue Fetzen von Regenwolken bis in den Zellengarten hinein; die Pfade, an denen ich gestern mit soviel Sorgfalt gearbeitet hatte, ertranken in den Fluten der herabstürzenden Wassermassen. Lustlos versuchte ich mich im Hobeln, aber ohne großen Erfolg. Nach einer Stunde lag zu meinen Füßen zwar ein Berg goldgelber Späne, das bearbeitete Brett aber war krummer als zuvor ... 20 Uhr: Zu Hause beginnt in dieser Minute die „Tagesschau". Seit zwei bis drei Jahren gehörte sie zu meinen täglichen Pflichtübungen. Schon vermisse ich sie; ohne jede Nachricht fühle ich mich von der Welt abgeschnitten, ja sogar ein bißchen ausgestoßen ... 21 Uhr: Der Gedanke, daß ich nicht einschlafen kann, macht mich nervös. Hat P. Novizenmeister nicht von dieser Schwierigkeit als bedeutsamem Hindernis gesprochen? Ich tröste mich damit, daß der Körper zur Umstellung Zeit braucht. Als um 22.35 Uhr die Zellenglocke anschlägt, erwache ich aus einem leichten Schlaf und bin verwirrt, doch für einen Augenblick nur. Rasch taste ich nach dem an der Holzwand befestigten Kantholz und zeige dem draußen wartenden Pater, dem „Wecker", mit lauten Schlägen an, daß ich wach bin. Wenig später schon stehe ich im „Oratorium" und beginne das Nachtoffizium, etwas müde zwar, aber wach genug, um die Gnade der Stunde zu spüren.

Dienstag, 12. Juni

„Nach einer Woche in der Zelle weiß ein Postulant, daß sein Leben in 20 oder 30 Jahren genauso aussehen wird wie das, das er im Augenblick führt ... Er kann daher bereits nach einer Probezeit von einem bis drei Monaten zur Einkleidung zugelassen werden" (La Grande Chartreuse, 196). Die beiden Sätze hatte ich vor zwei Wochen in dem Buch über „Die Große Kartause" gefunden und gleich bei der ersten Gelegenheit P. Novizenmeister referiert, doch ohne von ihm eine Reaktion zu erhalten. Allgemeiner Natur nur war sein Kommentar zu meiner Enttäuschung auch, als ich das Thema beim Spaziergang gestern erneut anschnitt. Um so mehr überraschte mich daher sein Besuch heute nach dem Mittagessen. Eine Stunde lang saßen wir uns im „Cubiculum" gegenüber und besprachen offen und nüchtern mein Problem „Mutter und Schwester". Im Vertrauen darauf, daß Gott nicht nimmt, ohne gleich doppelt zu geben, bat ich am Ende um Aufnahme in den Orden. P. Magister versprach, noch heute mit P. Prior Rücksprache zu nehmen.

Donnerstag, 14. Juni

P. Prior ist bereit, mich am Samstag, dem 23. Juni, dem Konvent vorzustellen und zur Aufnahme in den Orden vorzuschlagen. Nach zwei Tagen angstvollen Wartens informierte mich P. Magister erst heute morgen darüber im Anschluß an die Messe im Noviziat. Er schien zuversichtlich.

Wie von den Statuten vorgeschrieben (8.8.), werde ich morgen mit den Exerzitien beginnen.

Freitag, 15. Juni

Acht Tage lang werde ich nun mit mir und Gott allein sein, „acht Tage lang mich mit erhöhtem Eifer der Ruhe in der Zelle und der Sammlung widmen" (4.10.). Konkret heißt das, daß ich weder an der sonntäglichen Konferenz noch am wöchentlichen Spaziergang, noch an der Gesangstunde teilnehmen werde. Im Unterschied zu herkömmlichen Exerzitien wird es auch keine Vorträge geben, ich selber darf mir ein Meditationsthema aussuchen. Einziger Gesprächspartner in dieser Woche wird mein Beichtvater sein, am Mittwoch, wenn ich ihn in der Zeit von 17.30–18 Uhr in seiner Zelle aufsuche, um zu beichten.

Freitag, 22. Juni

Die Evangelien zeichnen verschiedene Jesusbilder – Jesus den mitleidigen Wundertäter, den begeisternden Prediger und Gleichniserzähler, den scharfsinnigen Rabbi, der den Gegnern in der Diskussion keine Chance gibt, den mahlfeiernden Jesus, der mit Zöllnern und Sündern zu Tische sitzt, und endlich – neben vielen weiteren Bildern noch – den einsamen Jesus. Als angehender Kartäuser, der allein und einsam leben wird, ist er mir besonders nah. Nah ist er mir aber auch wegen der vielen Einsamen in dieser Welt, die in ihm ihr Leit- und Vorbild sehen dürfen. Ihn, den Einsamen, habe ich in den acht Tagen der Exerzitien in den Evangelien gesucht und in einprägsamen Szenen gefunden wie …

… in der Wüste. In sie zieht sich Jesus zurück, ehe er mit der Verkündigung seiner Reich-Gottes-Predigt beginnt. Die Wüste ist der Ort, an dem Gott besser zu hören ist, vielleicht auch lauter spricht. In der Wüste offenbart Jahwe dem Mose seinen Namen (Ex 3). In der Wüste dichtet König David seine Psalmen (1 Sam 16 ff). In der Wüste des Gottesberges Horeb erlebt Elija die Gegenwart Gottes (1 Kön 19). In der Wüste ruft Johannes der Täufer das nahe Gottesgericht aus (Mk 1). Jesus reiht sich ein in die lange Reihe der Großen Israels. Die Evangelien wissen, daß er in der Wüste vom Satan versucht wird; sie berichten aber auch von Engeln, die ihm dienen. Es ist, als sei er zu Hause eingekehrt.

… in der Landschaft Galiläas. Dort, wo Jesus auftritt, um- und bedrängen ihn die Menschen. So viele hungern nach seiner befreienden Botschaft vom nahegekommenen Reich Gottes, so viele möchten von Krankheiten befreit werden! Jesus hilft, tröstet und heilt, zwischendurch aber zieht er sich an einen einsamen Ort zurück, um zu beten (Mk 1,35; Lk 5,15; 9,18). Selbst der Gottmensch bedarf der regelmäßigen Einkehr in die Stille, um sich beim Vater Kraft und Orientierung zu holen.

… in der Diskussion mit Gegnern. In raffinierten Streitgesprächen sucht man Jesus in die Enge zu treiben und zu Fall zu bringen, damit man ihn endlich anklagen könne. Die Situationen sind bisweilen höchst gefährlich und bedürfen vor einer Entscheidung des klärenden Gesprächs, doch Jesus bleibt auf sich alleine gestellt. Was er nicht selber an Argumenten findet, findet kein anderer für ihn. Mögen die ihn begleitenden Jünger und Frauen auch um ihn bangen und zittern, beraten kann er sich mit ihnen nicht. In der Diskussion steht Jesus allein gegen viele.

… im Garten von Getsemani. In der Stille der Nacht packen Jesus Furcht und Angst vor dem, was ihn in den kommenden 24 Stunden erwartet. Als er Trost bei Petrus, Johannes und Jakobus sucht, die er in die Tiefe des Landgutes mit hineingenommen hat, muß er enttäuscht feststellen, daß sie schlafen. Die besten Freunde haben den Ernst der Stunde nicht erkannt, Jesus ist mit seiner Not allein (Mk 14,32–42).

... vor dem Synedrium. Gleich in der Frühe faßt dieses höchste Verwaltungsgremium der Juden vermutlich im Jahre 30 n. Chr. den Beschluß, Jesus an Pilatus auszuliefern (Mk 15,1). Das Votum ist einstimmig, keiner der 71 Mitglieder engagiert sich für den Angeklagten. Die Jünger sind gleich schon bei der Verhaftung geflohen (Mk 14,50). Petrus, der als einziger den Mut fand, den Knechten bis in den Hof des hohepriesterlichen Palastes zu folgen, leugnet fluchend, als man ihn erkennt, und schwört: „Ich kenne diesen Menschen nicht, von dem ihr redet" (Mk 14,71).

... vor Pilatus. Die Szene gleicht der vorhergehenden, obwohl das Forum sich geweitet hat: Niemand macht sich zum Fürsprecher für Jesus (Mk 15,1–15). Im Gegenteil, die Gegner haben die Massen mobilisiert und mit dem Ruf programmiert: „Ans Kreuz mit ihm!" (Mk 15,13f). Alle stehen gegen einen. Keine Frage, daß Pilatus, der Schwächling, der um die eigene Haut fürchtet, sich auf die Seite der vielen schlägt und Jesus verurteilt!

... am Kreuz. Hier, am Schandpfahl der römischen Besatzer, erfährt Jesus die tiefste Einsamkeit. Am Fuß des Hinrichtungshügels vor der Stadtmauer hat sich, von den Soldaten auf Distanz gehalten, eine gaffende Menge versammelt. An guten Freunden nehmen „von weitem" (Mk 15,40) einzig ein paar galiläische Frauen Anteil, die Jünger sind bereits auf dem Weg zurück nach Galiläa. Gegen die Darstellung des Evangelisten Johannes (Joh 19,25ff) wird man davon ausgehen müssen, daß selbst Maria, die Mutter, nicht anwesend ist. Jesus stirbt einsam und allein, umtost vom überlauten Gespött seiner Gegner (Mk 15,29–32).

Obwohl ständig von Menschen umgeben, war Jesus zeitlebens einsam, als Gottmensch wohl der einsamste aller Menschen vor ihm und nach ihm. Es stimmt, daß er die Einsamkeit liebte: Der Rückzug in die Wüste und in die Berge Galiläas entsprang einem inneren Bedürfnis. Es stimmt aber auch, daß er unter der drückenden Last der Einsamkeit litt: In Getsemani wendet er sich hilfesuchend an die Jünger, im Palast des Hohenpriesters begegnen seine Augen nicht zufällig, wie es scheint, den Augen des Petrus. Aber welche Einsamkeit auch immer, ob die gesuchte der Wüste oder die ihm auferlegte von Getsemani, Jesus belebt sie durch das Gespräch mit dem Vater. Lobend und dankend, bittend und klagend läßt er ihn teilnehmen an Erfolg und

Mißerfolg, an Glück und Gefahr, an Freude und Leid – bis hin zum letzten Atemzug. Jesus hat sich den vielen Einsamen zu allen Zeiten gleich gemacht, in ihm haben alle Einsamen einen Verbündeten. Auch die Kartäuser!

Samstag, 23. Juni (Vigil von Johannes dem Täufer)

18.30 Uhr: Die Eindrücke des heutigen Tages sind zu tief, als daß ich schon schlafen könnte. Vielleicht daß ich ruhiger werde, wenn ich sie niederschreibe!

Am Vormittag hatte sich nach acht Tagen bangen Fragens die Spannung ins Unerträgliche gesteigert. „Wird man mich annehmen?" hämmerte es ununterbrochen in meinem Kopf. Die Entscheidung fiel dann in wenigen Minuten. Um elf Uhr stellte ich mich den Patres im Kapitelsaal vor, kurz nur und in ritualisierten Formeln. Während man sich beriet und mit schwarzen und weißen Bohnen abstimmte, wartete ich in der Kirche. Daß das Ergebnis positiv ausgefallen war, wußte ich, als P. Novizenmeister die Tür öffnete, um mich zurückzurufen; zufrieden lächelnd nickte er mir zu. Ganz sicher wurde ich aber erst, als P. Prior meine Hände ergriff und zu mir sagte: „Im Namen Gottes und des Ordens, in meinem und der Patres Namen nehme ich dich in unsere Gemeinschaft auf. Du bist frei, uns wieder zu verlassen vor deiner Profeß, aber auch unsererseits können wir dich entlassen, wenn uns dein Benehmen nicht gefällt. Doch möge dieses nie geschehen!" P. Prior sprach lateinisch, seine Stimme klang überaus gütig, so als wollte er die im vorgeschriebenen Text anklingende Drohung mildern. Am Ende beugte er sich zu mir herab und gab mir den Friedenskuß. In gleicher Weise umarmte mich jeder der Patres. Vielen war anzusehen, daß sie sich freuten. Dom Oreste, mein Kirchennachbar zur Linken, strahlte übers ganze Gesicht. Mir war, als hätte ich Tränen in seinen Augen glänzen gesehen.

Gleich nach dem Essen brachte Br. Bruno mir das weiße Ordensgewand, den Habit mit Gürtel, die Kukulle und den schwarzen Mantel, den ich bis zur Profeß in zwei Jahren außerhalb der Zelle tragen werde. Doch ehe ich es anlegen konnte, mußte mir der Kopf geschoren werden; in weniger als fünf Minuten war alle äußere Herrlichkeit dahin. Nie zuvor war der Besuch beim Friseur problemloser und auch lustiger gewesen; wir scherzten um die Wette.

Am Nachmittag rief die Glocke eine Viertelstunde früher zur Kirche, und ihr Geläute galt mir, dem neuen Novizen. Während die Patres ihre Plätze im Chorgestühl aufsuchten, legte ich mich nach Kartäuserart auf die Stufen des Altares. Mein Äußeres wie auch mein Inneres waren ganz Bitte und stimmten in das „Veni, Sancte Spiritus" der Mönche mit ein. Ohne Gottes stärkenden und tröstenden Geist, das hatte ich in den vergangenen fünf Wochen gespürt, würde ich dieses Leben nicht führen können. Im Unterschied zu den meisten anderen Berufen bot die Kartause keine Fluchtmöglichkeiten, hier gab es nur das eine Ziel, dem man gradlinig zustrebte, und das war Gott. Gott aber suchte sich seine Gesprächspartner selber aus; nur wenn er mich akzeptierte, hatte ich eine Chance in der Kartause. Wer wußte dies besser als die Patres im Chorgestühl hinter mir? Und so sangen sie voller Andacht und Inbrunst, die einen beschwörend leise und zart, die anderen fordernd laut, alle dreißig aber gleich eindringlich und flehentlich.

Nach weiteren Gebeten, die P. Prior am Altar über mir zum Himmel schickte, geleitete man mich schließlich in Prozession zu meiner Zelle. Der sonst so stille Kreuzgang hallte wider von der dumpfen Klage des „Miserere", des vierten Bußpsalms, mit dem König David vor fast dreitausend Jahren den Propheten Natan empfing, nachdem er mit Batseba gesündigt hatte (2 Sam 11). Es war ein Leben der Buße, dem man mich entgegenführte – in keiner Stunde zuvor hatte ich es so deutlich gespürt wie jetzt. P. Prior vor mir schritt nur langsam voran, obwohl das Gelände abfiel; sein Rücken war wie von einer schweren Last gekrümmt – beides war mir Symbol: Jesus macht es denen, die sich ganz und ungeteilt in den Dienst am Reich Gottes stellen, nicht leicht. So wie er es sich selber nicht leichtgemacht hatte!

Schon im Kreuzgang kam uns der süße Duft der Pfingstrosen entgegen, mit denen ich die Zelle geschmückt hatte. An ihrer

Das „Cubiculum" mit Schlafecke und Oratorium

Tür faßte mich P. Prior an der Hand und führte mich durch den Wandelgang und das „Ave Maria" ins „Oratorium" im „Cubiculum". Das „Oratorium", die kleine Gebetsnische in der rechten Ecke meines Wohn- und Schlafzimmers, war fortan neben der Kirche mein Arbeitsplatz; hier sollte ich, von der Welt unbemerkt, betend und meditierend am Aufbau des Reiches Gottes mitarbeiten. Je strenger ich die Einsamkeit wahrte, um so wirksamer würde mein Gebet sein. Daher auch mahnte P. Prior am Ende in Anwesenheit aller Patres: „Dom Romuald, ich bitte dich: Hüte die Zelle! ..."

Romuald war mein neuer Name. Ich selber hatte ihn mir ausgesucht, nicht zuletzt unter dem starken Eindruck von Camaldoli, das ich im letzten Jahr besucht hatte. Camaldoli aber war die Stiftung des hl. Romuald (952–1027), eines strengen Einsiedlers um die Jahrtausendwende, der nicht ohne Bedeutung für Bruno von Köln und den Kartäuserorden gewesen zu sein scheint. Beider Zusammenhang werde ich gelegentlich nachspüren.

Mit der Ermahnung von P. Prior war die Zeremonie beendet, die Versammlung kehrte schweigend zur Vesper in die Kirche zurück, wie an jedem Tag seit 900 Jahren. Ich war allein mit meiner Freude!

Montag, 25. Juni

Heute hat der Himmel selber mir eine Lektion erteilt: Am Samstag noch, kurz vor der Einkleidung, hatte ich meinem Tagebuch anvertraut, daß ich, von der Welt unbeachtet, betend und büßend vor Gott stehen wolle. Heute bereits drängte es mich, mich der Welt im weißen Gewand der Kartäuser zu präsentieren, auf daß sie mich bewundere. Doch die Welt nahm nur wenig Notiz von dem neuen Mönchlein. Im Unterschied zu anderen Montagen, den traditionellen Wandertagen der Kartäuser, war es heute überraschend still an der Pforte; auf dem Klostervorplatz warteten nur wenige Besucher. Unter ihnen ein Touristenpaar amerikanischen Zuschnitts, das uns lächelnd musterte, fotografierte und dann – noch ehe wir zum Spaziergang aufbrachen – im offenen Sportwagen davonbrauste. Ganze zwei Minuten hatten ausgereicht, seinen Sensationshunger zu stillen. Die Enttäuschung war offenkundig, in ihrer Ursache auch nicht schwer zu erraten: Man war angereist, um die im Werbeprospekt des Greyerzerlandes als „Mystiker" vorgestellten Mönche der Kartause „La Valsainte" zu sehen; vorgefunden hatte man dagegen nur mittelalterlich kostümierte Gestalten, die so ganz unmystisch und unverklärt aussahen, ohne jeden Heiligenschein um den Kopf und nicht einmal einen Zentimeter über dem Boden schwebend. Das Außergewöhnliche, das man erwartet hatte, gab es nicht.

Im Gespräch anschließend mit Dom Etienne wird mir klarer und klarer, daß die Welt uns in unserem Engagement nicht versteht. Für sie sind wir, um stellvertretend für viele die berühmte französische Schriftstellerin George Sand (1804–1876) zu zitieren, Nachfahren des heiligen Fanatikers aus Grenoble, wie jener selber fanatisch, todessüchtig, verschroben und menschenscheu (Ein Winter auf Mallorca, 170).

Mittwoch, 27. Juni

„... Es wird Dir im ersten Augenblick sicherlich weh tun zu hören, daß ich seit vier Tagen das weiße Gewand der Kartäuser trage und auf den Namen Romuald höre ...“ Erst nach einem langen Vorspann von zwei Seiten wage ich den Satz niederzuschreiben. Wie werden Mutter und Schwester ihn aufnehmen? Auf jeden Fall will ich in den nächsten Tagen den Himmel bestürmen, daß er ihnen genügend Kraft gibt, die Überraschung zu ertragen; einige Mitnovizen wollen mir beten helfen.

Mit Rücksicht auf meine familiäre Situation darf ich alle vier Wochen nach Hause schreiben. Doch bin ich damit überhaupt noch ein Kartäuser? Die Statuten jedenfalls mahnen: „Die äußere Klausur wäre sinnlos, wenn wir mit Außenstehenden einen regen Briefverkehr unterhielten“ (6. 10.). Die Begründung kann ich mir nach fünf Wochen bereits selber geben: Weil alle Nachrichten von außen von Gott, dem einen und einzigen Ziel des Kartäusers, ablenken!

Zum erstenmal unterschreibe ich – wie von der Regel vorgeschrieben – mit meinem neuen Namen, lasse in Klammern aber, um den Schock zu mildern, den alten folgen.

Sonntag, 1. Juli

Heute endlich konnte ich Dom Jean-Pierre die Zeichnung von Camaldoli übergeben, die ich ihm vor vier Wochen versprochen hatte. Die Arbeit gestaltete sich so langwierig, weil ich einzig auf ein unscharfes Foto als Vorlage zurückgreifen konnte. Um es schießen zu können, mußte ich ehemals arg betteln; nur ungern erlaubte mir der Bruder den Zugang zu einem der beiden

Glockentürme. Doch nur von dort oben hatte ich den Überblick, den ich suchte – und ich wurde nicht enttäuscht. Geradezu idyllisch war das Bild, das sich mir bot: auf einer von dunklen Tannen umstandenen Lichtung ein kleines Dorf mit etwa zwanzig einstöckigen, rotbedachten Häuschen mit Garten, jedes für sich und alle zusammen von Mauern umgeben, so daß die Bewohner weder von außen noch von innen gestört werden konnten. In ihrem Kern ging die Anlage, die „Heilige Einsiedelei von Camaldoli", auf eine Stiftung des hl. Romuald zurück. Hier, auf einsamer Bergeshöhe, die ihm vom Grafen Maldolo geschenkt worden war, hatte der Heilige um das Jahr 1012 für sich und vier Gefährten Hütten und ein Kirchlein gebaut, um als Mönche nach der Regel des hl. Benedikt zu leben. Das Dorf unter mir schien wie ausgestorben; die Wege und Gäßchen waren leer, und auch in den Gärten rührte sich nichts. Erst später sah ich die Mönche in der Kirche, wo sie sich viermal am Tag zum gemeinsamen Gebet einfinden, ein Dutzend etwa, alle mit mächtigen Bärten. Wie die Benediktiner waren sie in weite Mäntel gehüllt, doch nicht in schwarze, sondern wie die Zisterzienser in weiße.

Montag, 2. Juli

Der heutige Spaziergang stand für mich ganz unter dem Thema „Cilicium". Daß es mir so zu schaffen machen würde, hätte ich nicht geglaubt. In meinem Eifer vor acht Tagen hatte ich gar bedauert, daß es nur das Torso eines Bußhemdes war, das ich von nun an auf Brust und Rücken tragen sollte. Dieses nur waschlappengroße sackartige Gewebe aus groben, widerspenstigen Roß- und Ziegenhaaren schien mir selbst als Symbol von geringem Wert. Doch wie habe ich mich getäuscht! Die beiden kleinen Lappen stechen, kratzen und zwicken bei jeder Bewegung. Ganz elend machen sie sich bemerkbar, wenn der Körper schwitzt. Bin ich vielleicht überempfindlich? P. Novizenmeister tröstete mich, daß ich sie bald schon nicht mehr spüren werde. Dom Etienne, mit dem ich anschließend weitermarschierte, konnte dies bestätigen. Und auch Dom Ulrich, mein dritter Gesprächspartner an diesem Tag, hatte sich nach anfänglichen Schwierigkeiten an die beiden großen „Topfkratzer", wie er das Cilicium ironisch nannte, gewöhnt. „Nur nicht zimperlich sein und auf das Kratzen warten! Am besten, man bewegt sich so, als gäbe es sie nicht!" Wenn er nur mal recht hat!

Donnerstag, 5. Juli

Dom Etienne hatte mich nicht vergessen. Nach der Gesangstunde gab er mir mit Erlaubnis von P. Magister ein Notizblatt mit Stichworten zu „Cilicium", die er in den letzten Tagen aus verschiedenen Lexika gesammelt hatte: „Ein grobes Kleidungsstück aus Ziegenhaaren, benannt nach Cilicien, einem Ziegenland; im Alten Testament meist ein Bußgewand, mit dem man sich aus Trauer über die Sünde bekleidete (vgl. 1 Kön 21,27; 2 Kön 6,30; Jes 3,24 u. ö.); im Neuen Testament nur in den Weherufen gegen Chorazin und Betsaida (Mt 11,21 par 10,13) bezeugt; nach Augustinus hat Jesus selber nie ein Cilicium getragen; neutestamentliches Vorbild eines Bußgewandträgers ist Johannes der Täufer (vgl. Mk 1,6: ein Gewand aus Kamelhaaren); seit dem 4. Jahrhundert Kennzeichen der kirchlichen Büßer, entwickelt sich aber immer mehr zum Abzeichen der Mönche und Einsiedler – für uns Kartäuser ist es Sinnbild der Bußgesinnung und Demut."

Sonntag, 8. Juli

Nur zögernd wagte ich nach der Vesper den Brief von Mutter und Schwester zu öffnen, brachte er mir doch ihre Antwort auf meinen Eintritt. Auf Vorwürfe war ich gefaßt, auf solch massive jedoch nicht. Ich werde Zeit brauchen, um sie zu verdauen; denn in der Einsamkeit wiegt alles schwerer.

Mittwoch, 13. Juli

Bei der Vesper heute fehlte Dom Clement im Chorgestühl mir gegenüber, er war also bereits abgereist – nach Hause irgendwo in Süddeutschland. Am Sonntag hatte er sich von uns verabschiedet. Nach zweieinhalb Jahren Kampf mit der Einsamkeit gab er auf, ein nervöser Magen zwang ihn dazu. Obwohl ich ihn nicht näher kannte, machte mich sein Weggang traurig. Immer wieder gingen meine Augen zu seinem Platz im Chorgestühl und suchten sein blasses, schmales Gesicht.

Sonntag, 22. Juli

„Mein lieber Frater Romuald!“ Nur mühsam konnte ich entziffern, was mir mein alter Heimatpastor, ein väterlicher Freund seit Kindertagen, großbuchstabig in altdeutscher Schrift schrieb. „Von Deiner Mutter höre ich, daß Du nun Kartäuser bist. Ich möchte Dir zu Deiner Entscheidung gratulieren, auch wenn sie Deine Lieben schmerzt. Die Welt braucht Menschen, die nur Gott allein leben. Wie ich höre, stehst Du täglich etwa acht Stunden betend vor IHM, in der Kirche und in Deiner kleinen Gebetsecke. Und auch zwischendurch noch wirst Du manches Stoßgebet zum Himmel emporschicken, so daß Dein Tag ein einziger Gottesdienst ist. ‚Betet ohne Unterlaß!‘ (1 Thess 5, 17), mahnt der hl. Paulus die Christen von Thessalonich in seinem ersten Brief. Übernimm Du diese Aufgabe stellvertretend für mich und Deine Pfarrgemeinde! Als Theologen sind wir uns ja einig: ‚Baut der Herr nicht das Haus, mühn sich umsonst, die daran bauen!‘ (Ps 127, 1) ...“

Dienstag, 31. Juli

Gerade in diesen Wochen, wenn die sommerliche Abendsonne mit ihrem milden Goldglanz noch in Zelle und Garten scheint, fällt es schwer, um 18.30 Uhr bereits die Fensterläden zu schließen und sich zum Schlafen niederzulegen. Schwer fällt es auch, vier Stunden später, mitten im Tiefschlaf, wieder aufzustehen und sich zum Gebet zu sammeln. Doch wir sind uns einig, alle, mit denen ich in den letzten Wochen darüber sprach, daß das Nachtoffizium zu den schönsten Stunden des Tages gehört, auf die niemand verzichten möchte. Jeder hat seine ganz persönliche Begründung, letztlich aber stimmen wir insgesamt mit der überein, die uns ein alter, erfahrener Einsiedlermönch gibt: „In der Nacht mit ihrer Stille und Dunkelheit kann die Seele freier auf Gott zugehen, weil die Sinne von allem frei sind, was sie beherrschen könnte!"

Seit drei Wochen schon finde ich Gefallen daran, die Marienmetten, mit denen der Kartäuser um 22.45 Uhr den neuen Tag in der Zelle begrüßt, halblaut zu rezitieren. Nicht etwa, um gegen die Müdigkeit anzukämpfen oder das Gefühl des Alleinseins zu überwinden, sondern weil meine Stimme mir das Gefühl des Dialogs gibt. Indem ich IHN für mich hörbar anspreche, rückt Gott mir näher; ich erlebe IHN stärker als mein Gegenüber, als Gesprächspartner. – Nach dem Gebet in der Zelle bleibt immer noch etwas Zeit für einen Spaziergang im Garten. Über mir ein blauschwarzer Himmel, an dem unzählige Sterne wie Brillanten und Diamanten funkeln. Die Luft ist erfrischend kühl und angefüllt mit dem würzigen Geruch frisch gemähten Grases oder trocknenden Heus. Und eine Stille! Nur ab und zu ist von den umliegenden Almen der kurze Anschlag von Kuhglocken zu hören. Auch das Vieh schläft, muß sich aber selbst noch im Schlaf gegen seine Peiniger, die Fliegen, zur Wehr setzen.

Pünktlich um 23.30 Uhr macht sich das ganze Kloster, Patres und Brüder, unter dem Geläut der Glocke auf den Weg in die Kirche. Ehemals, auf der Empore in der Kartause Hain, waren mir die zweieinhalb Stunden des Nachtoffiziums endlos vorgekommen. Hier, inmitten der Mönche aber, wo ich selber aktiv sein darf, wo ich unmittelbar eingebunden bin in alle Bewegungen des Kniens, Stehens und Sitzens, die eine kluge Praxis in Jahrhunderten entwickelt hat, und vor allem, seitdem ich den Ablauf des Rituals mit seinem Wechsel von Gesang, Lesung und

Stille kenne, spüre ich ihre Länge nicht. Im Gegenteil, in jeder Nacht genieße ich es aufs neue, meine Gedanken auf den Wellen des Psalmengesangs und damit auf den von unzähligen Menschen gemachten Erfahrungen mit dem ganz für uns daseienden Gott Israels (Ex 3), dem Gott Jesu, dahingleiten zu lassen. Ich genieße es, mich während der Lesungen in meinen weiten Mantel zu hüllen und mich in der dunklen Ecke meines Chorstuhls zu verbergen, um ganz auf das hören zu können, was alt- und neutestamentliche Gottesmänner, Propheten, Apostel und Kirchenväter, uns an theologischen Erkenntnissen und Erfahrungen überliefert haben. Ich genieße es, zusammen mit den 50–60 Mitbrüdern in tiefer, nur vom schweren Atmen der Älteren durchbrochenen Stille auf dem Boden zu knien und mit Blick auf das ewige Licht, dem einzigen hellen Punkt in der dunklen Kirche, zu beten.

Das Nachtoffizium beginnt in der Zelle mit den Marienmetten, es endet in der Zelle mit der Marienlaudes. Im Gespräch mit der Gottesmutter, der besonderen Schutzpatronin der Kartäuser, hat sich die Seele auf das Gotteslob in der Kirche eingestimmt, im Gespräch mit ihr auch läßt sie es ausklingen. Ich lasse mir Zeit bei diesem Gebet, das ohnehin nur 10–15 Minuten dauert. Ganz wie Maria, die eine stille, beschauliche Frau gewesen sein muß. Hoffend und zweifelnd, zuweilen beglückt, aber auch nicht selten tief traurig wird sie in vielen Stunden am Tag die alttestamentlichen Verheißungen, ihren Sohn und das, was er sagte, wie auch das, was über ihn gesagt wurde, in ihrem Herzen immer wieder meditiert haben (vgl. Lk 2,51).

Wenn ich mich nach dreieinhalb bis vier Stunden gegen 2.30 Uhr zum zweitenmal niederlege, schlafe ich wie der Beter von Psalm 4 meistens bald in Frieden, wie er auch das Herz von Freude voll (vgl. Ps 4,8 f.).

Mittwoch, 29. August

Bei dem schönen Sommerwetter in den vergangenen Wochen fand ich wenig Zeit für mein Tagebuch. Wann immer nur möglich, hielt ich mich im Garten auf. In den Freizeiten am Mittag und am Abend liebte ich es, auf der Bank unter dem Werkstattfenster zu sitzen und den Himmel zu betrachten. Damit die Gedanken nicht mit den dahinziehenden Wolken davonflogen, band ich sie an ein Psalmwort, jeden Tag an ein neues. Indem ich es wie die ersten Mönche immer wieder las und rezitierte, ja es regelrecht wiederkäute, verankerte ich es nicht nur im Gedächtnis, sondern auch in der Seele, wo es – ich konnte es spüren – wie ein Stück kernigen Brotes langsam seine Kraft entfaltete. Diese Art, die Heilige Schrift zu meditieren, ist nur eine von vielen möglichen, wahrscheinlich aber die früheste im jüdisch-christlichen Raum. Das Mönchtum entdeckte sie in seiner Frühzeit und pflegte sie jahrhundertelang; die Gegenwart allerdings scheint sie vergessen zu haben.

Vierzehn Tage hindurch habe ich so Psalm 19, den Psalm über Gottes Selbstoffenbarung in Schöpfung und Gesetz, betrachtet und mir eingeprägt: „Die Himmel rühmen die Herrlichkeit Gottes, vom Werk seiner Hände kündet das Firmament!" Seitdem ich den Vers einen ganzen Tag lang immer wieder halblaut hergesagt habe, gehen meine Augen nicht mehr nach oben, ohne zu danken. Der Himmel ist für mich zu einem Bilderbuch geworden, in dem ich staunend blättere, mit friedlichen Bildern in hellem Blauton, aber auch mit bewegten, ja dramatischen Kompositionen aus den unterschiedlichsten Wolkengebilden.

Montag, 3. September

„Spatiamentum – Spaziergang!" Die Ankündigung an der Tabula, nach der ich anfangs so sehr ausschaute, hat seit vierzehn Tagen ihren Reiz verloren. Nach den beiden letzten Spaziergängen kehrte ich müde und enttäuscht in die Zelle zurück. Mein Gott, wie mühsam war doch die Unterhaltung mit einigen

Mitbrüdern! Während die einen monologisch vor sich hin sprudelten, hielten sich andere wortkarg in ihrem Schneckenhaus versteckt; ein gutes Gespräch, bei dem man gemeinsam um ein Thema ringt, glückte mit nur wenigen. Im Anschluß an die Stillmesse im Noviziat bat ich P. Novizenmeister um die Erlaubnis,

Die „Tabula", „die Informationsbörse" in der Kartause. Hier erfährt der Mönch alles an Nachrichten, was er zum Leben in der Einsamkeit wissen muß, ohne das Schweigegebot zu verletzen.

heute in der Zelle bleiben zu dürfen. Wider Erwarten zeigte er sich nicht überrascht, im Gegenteil: Er stimmte mir zu, daß man sich in der Kartause mit der Unterhaltung etwas schwertut; geübter als im Reden ist man im Schweigen. Einig waren wir uns auch darin, daß nicht Trägheit und Nachlässigkeit die Hauptursachen dafür sind, daß manches Gespräch scheitert, sondern oft nur mangelnde Übung. „Konkret müssen wir lernen, immer wieder aufs neue und jeder für sich, auf den anderen zu hören; ihn zu ertragen, wenn er übersprudelt, wie auch auf ihn im Wort zuzugehen, wenn er ausgetrocknet scheint. Im Gespräch prüfen wir unsere Gottesliebe ebenso wie im Schweigen; denn es gilt das umgewandelte Wort des hl. Johannes: ‚Wie kannst du glauben, dich gut mit Gott zu unterhalten, wenn du in der Unterhaltung mit dem Mitbruder keine Geduld aufbringst!‘ (vgl. 1 Joh 4,20).“

Dienstag, 11. September

Schon gleich in der zweiten Woche nach meiner Ankunft hatte Dom Bernard, unser Noviziatsältester, mich mit einer Kiste voller Utensilien in meiner Zelle aufgesucht und mich in die alte Kunst der Buchbeschriftung eingeführt. Im Grunde war nicht viel zu leisten: Hatte man den Namen des Autors und den Buchtitel aus metallenen Buchstaben zusammengesetzt, ganz so wie es Gutenberg getan haben mochte, galt es, die beiden „Zeilen“ über einer Spiritusflamme zu erhitzen und mit einer hauchdünnen Goldfolie zu belegen, um sie dann anschließend mit Anstrengung fest auf den ledernen Rücken eines Buches aufzudrücken und einzubrennen. Daß das Experiment glückte, hing wesentlich von der richtigen Temperatur der Metallbuchstaben ab. Waren sie zu kalt oder zu warm, blieb die Goldfolie auf ihrem Rücken kleben oder haftete nur zur Hälfte oder gar in Fetzen auf dem Leder. Eine Wiederholung gestaltete sich schwierig, weil es darauf ankam, das heiße und damit unhandliche Eisen gleich im ersten Anlauf deckungsgleich in die vorgebrannte „Spur“ einzubringen, was nur mit viel Glück oder durch Zufall gelang. Die Prozedur schien so einfach, als ich Dom Bernard zuschaute; selbsttätig aber mißlang mir fast alles – bis heute. Nur wenige bisher bedruckte Buchrücken bieten ein gefälliges Bild; die meisten anderen zeigen Spuren von zwei, ja drei Versuchen, d. h., sie sind in ihrem Schriftbild nicht nur unansehnlich, sondern auch unleserlich. Wenn ich sie anschaue, schäme ich mich; auch plagen mich Gewissensbisse wegen des verdorbenen Leders. Nach den Mißerfolgen von heute nachmittag bin ich fest entschlossen, P. Novizenmeister um eine andere Tätigkeit zu bitten. Spaß würde es mir machen, wie Dom Dominique Tonbänder für Blinde zu besprechen. Oder auch, wie Dom Ulrich, Rosenkranztäschchen aus verschiedenfarbigem Leder zu fertigen, die man an der Pforte verkauft. Vielleicht auch gibt es Besucher, die ein Bilderrähmchen oder einen Serviettenring brauchen können. Ich müßte nur ein wenig im Hobeln und im Drechseln eingewiesen werden! Einzig Bücherrücken bedrucken will ich nicht mehr; ihr geschundenes Leder wird es mir sicherlich danken.

Freitag, 14. September

Heute, am Fest der Kreuzerhöhung, beginnt das große Ordensfasten, das bis Ostern dauert. Außer an Sonntagen und einigen Festtagen außerhalb der Advents- und Fastenzeit ißt man in dieser Zeit nur einmal am Tag; am Abend begnügt man sich mit Brot und einem Getränk, meist schwarzem Kaffee. Ich bin neugierig, wie mein Körper reagieren wird. Wenn ich ehrlich bin, habe ich Angst, sind es bis Ostern doch exakt sieben Monate.

Sonntag, 16. September

Eine neue Ansichtskarte von der „La Valsainte“, die mir P. Novizenmeister heute nach der Konferenz zusteckte, ließ mich zunächst stutzen, dann aber, als ich den Gruß auf der Rückseite las, heftig aufbegehren. Mein alter, hochverehrter Religionslehrer hatte auf Umwegen von meinem Eintritt gehört und wollte mich vor drei Tagen, auf der Durchreise, kurz besuchen. „Schade, daß ich Dich nicht sehen darf, obwohl Du mir doch zum Greifen nahe bist! Aber ich verstehe das Nein von P. Prior. Mir war bisher nicht bekannt, daß Besuche im ersten Noviziatsjahr nicht erlaubt sind, ja, daß man Besuche von Freunden grundsätzlich nicht gerne sieht. Bleiben wir daher um so fester im Gebet miteinander verbunden!" – Ich war den Tränen nah. Ein Gespräch mit unserem „Doktor", wie wir ihn nannten, hätte mir gutgetan!

Freitag, 21. September

Was ich als Kartäuser sein möchte, erfahre ich am tiefsten, wenn wir während und nach der Messe nach einem für unseren Orden typischen Brauch auf der Erde hingestreckt liegen. Dieser Ritus ist alt, viel älter als die Kartäuserliturgie, die in Teilen bis ins 8. Jahrhundert zurückreicht. Im Alten Testament wird öfter erwähnt (vgl. Ex 12,27; 33,10; 34,8; 2 Chr 29,29 u.ö.), daß sich das Volk, Mose, der König vor Gott niederwerfen; und auch im Neuen Testament ist „proskynéo" in der Bedeutung von „fußfällig verehren, sich anbetend niederwerfen" ein häufig gebrauchtes Verb (vgl. Mt 2,2.8.11; 8,2; Mk 5,6; Lk 24,52; Joh 4,20; 9,38 u.ö.). Wo Menschen sich in den Staub der Erde hinstrecken, tun sie es, weil sie Ganzhingabe und Ganzbitte demonstrieren möchten. Tatsächlich habe ich selten zuvor tiefer meine Armseligkeit vor Gott erlebt und mit ihr das Bedürfnis nach Verehrung und Anbetung gespürt, und selten zuvor auch nur konnte bzw. kann ich inniger und inbrünstiger vor Gott bitten und betteln als auf dem Boden hingestreckt liegend. In diesen Augenblicken fühle ich mich ganz als Opfergabe, als Lobopfer für Gott, das sich wie das Brandopfer im alttestamentlichen Tempel in nie erlöschendem Feuer langsam verzehrt, zugleich aber auch als Bittopfer für diese Welt, die durch Jesu Tod zwar grundsätzlich erlöst ist, aber unter der Macht des Bösen immer noch schmerzvoll aufstöhnt.

Sonntag, 30. September

Schon wieder geht ein Monat zu Ende! Wie die Zeit dahinfliegt! Mir ist, als wären die Tage hier in der Kartause kürzer. Vielleicht deshalb, weil ich dauernd beschäftigt bin. Die Beschäftigung ist der Schild des Einsiedlers, die Waffe, mit der er sich gegen seine Gedanken und Einbildungen verteidigt. In der Einsamkeit blühen sie zu unrealistischen Phantasiegebilden auf, wenn man ihnen durch Müßiggang Raum gibt. „Vielerlei Böses lehrt das Nichtstun!" (Sir 33,29), warnt der jerusalemische Weisheitslehrer Jesus Sirach bereits im 2. Jahrhundert v. Chr. „Den Einsiedler bringt es um seine Berufung!" würde er hinzugefügt haben, hätte man ihn um Konkretisierung gebeten.

Mittwoch, 3. Oktober

„Mein großer Namenspatron gebe Dir von seiner kindlichen Einfalt! Fr. Franziskus." – Als ich das Heiligenbildchen heute morgen unter meiner Tür fand, stieg Wut in mir auf, in vier Wochen aufgestaute Wut. Ich weiß nicht zu sagen, wie der kalte Krieg zwischen Dom Franziskus und mir begann. Plötzlich jedenfalls kämpften wir gegeneinander statt miteinander. Nicht auffällig, mit blanken „Waffen", sondern im stillen, von der Gemeinschaft, selbst von P. Magister, unbemerkt. In hitzigen Wortgefechten während der Spaziergänge, vor allem aber in bösen Blicken, wo immer wir uns begegneten. Letztlich war es ein Kampf um Anerkennung, ein Rangstreit. Er bohrte und schmerzte wie eine offene Wunde, wie überhaupt in der Einsamkeit die Seele empfindlicher und empfindsamer wird. Was mir also fehlte – Dom Franziskus hatte es erkannt und in fein säuberlicher Handschrift niedergeschrieben –, war kindliche Einfalt. Der Hieb saß. Wie sollte ich reagieren? Mit einem gleichen „Gebet" antworten oder P. Magister informieren? Am Abend hatte ich mich entschieden: Ich würde schweigen, wie es sich für einen Kartäuser geziemt – mit dem Munde, aber auch mit dem Herzen. Schmerzlich muß ich zur Kenntnis nehmen, daß es eine ideale Gemeinschaft auch in der Kartause nicht gibt, daß auch hier „nur" Menschen leben. Menschen von unterschiedlichster Herkunft und Bildung, von verschiedenem Alter und Charakter, so daß Konflikte und Spannungen sich wie von selbst ergeben. Wohl marschiert man auf gleichem Wege auf ein gemeinsames Ziel zu, doch unterschiedlich schnell und mit unterschiedlichem Elan und auch mit unterschiedlicher Unterstützung durch die Natur und die Gnade. Alle, dessen darf man sicher sein, mühen sich redlich, doch nicht alle haben die Kraft, die scharfen Kanten und Ecken ihrer Persönlichkeiten positiv umzuwandeln. Auch ich nicht, noch nicht, vielleicht sogar nie! Wie ich an und unter anderen leide, wird man zeitlebens vielleicht auch an und unter mir leiden.

Freitag, 5. Oktober

Glanzstück in meinem Garten sind vierzehn Spalierobstbäume, neun Apfel- und fünf Birnbäume. Eine kundige Hand hat sie, offenbar vor vielen Jahren schon, an den Mauern entlang gepflanzt und so geleitet, daß sie im Norden die Fenster der Zelle einrahmen, im Westen und Osten die beiden großflächigen Seitenwände wie ein kunstvolles Rankenwerk überziehen. Gerade in diesen Tagen des frühen Herbstes, da sich die Blätter zu färben beginnen, fühle ich mich wie in der Malerwerkstatt des lieben Gottes.

Heute nachmittag habe ich die Birnen gepflückt, zwei große Körbe voll. Ich muß gestehen, daß die Versuchung zu probieren groß war, besonders angesichts des freitäglichen Fastenmenüs aus Wasser und Brot. Die goldgelben Früchte lachten mich an wie ehemals Eva im Paradies (Gen 3), so als wollten sie sagen: „Schmeck doch! Die Welt geht nicht unter, wenn du versuchst!" Recht hatten sie, doch wollte ich lieber warten; denn sicherlich in den nächsten Tagen schon wird die Küche sie als Nachtisch servieren.

Mittwoch, 10. Oktober

„Kontemplatives Leben ist ein Leben der Erfolglosigkeit! Als Kartäuser muß man lernen, mit leeren Händen zu leben!“ Seit P. Novizenmeister vor fünf Monaten diese Bemerkung in einer Sonntagskonferenz machte, „lerne“ ich. Als Kind einer leistungsorientierten Gesellschaft tue ich mir schwer hierbei. Wenn mich zuweilen am Abend, nach 24 Stunden des Kampfes mit der Einsamkeit und der Regel, die Leere meiner Hände bedrückt und mutlos zu machen droht, greife ich gerne zu dem Zettel an der Wand, auf dem ich in den vergangenen Wochen Bilder und Metaphern gesammelt habe, mit denen Dichter und Theologen, geistliche Männer und Frauen die Bedeutung der beschaulichen Existenz zu umschreiben versuchen:

Die kontemplativen Mönche und Nonnen sind ...

... Untergrundarbeiter, ohne deren verborgene Dienste in den unterirdischen Regionen der ‚Stadt Gottes‘ das Leben ‚über Tage‘ zusammenbrechen würde (eine Klarissenäbtissin).

... wunderbare Bergknappen Gottes, die im Abgrunde des eigenen Nicht-Seins und im Hochgebirge der göttlichen Beschauung wohnen und arbeiten als gefügige und machtvolle Werkzeuge in der Hand des Schöpfers (P. v. d. Meer).

... Apostel, die am Seelenheil anderer arbeiten und durch die geheime Macht des Gebetes und Opfers die Welt erleuchten und retten (ein Kartäuser).

... „Narren“ Jesu Christi, die die Waben Gottes in der Welt bauen (K. Keinath).

... zum Himmel erhobene Hände, die – wie einst Mose (Ex 17) – der Welt Gottes Beistand sichern (Pius XI.).

... die Wächter jener stillen Tiefe, auf die alles Sprechen und Reden zurückkehren muß, um Sinn zu haben und Frucht zu bringen (ein Kartäuser).

Kontemplative Klöster sind ...

... eine Art Dynamomaschine, die zwar die Gnade nicht gerade erzeugt, aber doch der Welt dieses unendlich wertvolle Gut verschafft (Th. Merton).

... Sendestationen von Gnaden und machtvollen Energien, die in die Seelen strömen (O. Karrer).

... religiöse Sammelbecken, ähnlich den großen Sammelplätzen oben in den Bergen, von denen die Röhren gespeist werden, die dann das Wasser in jedes Haus der Stadt befördern (Schw. M. Hedwig OSB alias Silja Walter).

... jene Höhen, auf denen ein unsichtbarer Feuerbrand lodert und wo Gott und Mensch in der Liebe der Beschauung sich einen (J. Maritain).

... die verborgenen, aber wirklich bestehenden Herdfeuer übernatürlicher Liebeskraft, in denen unser Wollen und Können die unentbehrliche Geistesnahrung findet (P. v. d. Meer).

Samstag, 13. Oktober

Heute endlich wurde ich mit einer Zeichnung fertig, an der ich in den letzten acht Tagen jeweils in der Freizeit nach dem Essen gearbeitet habe. Ich will sie dem nächsten Brief an Mutter und Schwester beilegen, damit sie sich meine kleine Welt besser vor-

Zelle „N" mit dem ihr zugehörigen Garten, von dem sie nach Süden hin begrenzenden Kreuzgang aus gesehen

stellen können. Da vom gegenüberliegenden Dach des Kreuzgangs her gesehen, ist die Anlage der Zelle gut zu überschauen: „Cubiculum", „Ave Maria" und Wandelgang im Obergeschoß, Werkstatt, Holzschuppen und Toilette im Parterre. Besonders freuen dürfte beide der Garten! In der Wirklichkeit sieht er noch schöner als auf der Zeichnung aus. Nur eines der fünf mit Blumen gefüllten Beete habe ich in den letzten Wochen „umfunktioniert"; d. h., ich habe es umgegraben, mit Torf aufgelokkert und mit Erdbeeren bepflanzt. P. Novizenmeister ist zwar skeptisch – er hält das Klima in der „La Valsainte" für zu rauh –, ich aber will es wenigstens einmal versuchen.

Dienstag, 16. Oktober

Härter als Fasten bei Wasser und Brot kommt mich die Kälte an. Gerade jetzt, in der Übergangszeit, in der die Temperaturen am Tage nur noch bis 15–16 Grad ansteigen und in der Nacht bis nahe an die Nullgrenze absinken, habe ich meine Not. Eine kalte Zelle ist eine ungemütliche Zelle, die Einsamkeit einer ungemütlichen Zelle aber drückt doppelt. Noch bin ich zu wenig Kartäuser, um abstrahieren zu können. Doch wann darf man guten Gewissens heizen, ohne sich selbst vorwerfen zu müssen, ein Weichling zu sein? Die Frage haben wir auf den letzten Spaziergängen immer wieder diskutiert. Einige wußten zu erzählen, daß P. Magister im Winter mit 12–14 Grad in der Zelle auskommt, daß er aber auch hier wie beim Fasten vor jeder Übertreibung warnt. Jeder einzelne müsse selber entscheiden, wo er den Maßstab ansetzt. In jedem Falle handele grob fahrlässig und gegen den Ordensgeist, wer seine Gesundheit gefährdet. Für alle Askese gelte immer noch und immer wieder aufs neue, was der Prophet Hosea und mit ihm die Propheten Amos (5,21–27), Jesaja (1,10–17) und viele unbekannte (Pss 40,7 f.; 50,9–15; 51,18 f. u. ö.) ihren Landsleuten im 1. vorchristlichen Jahrtausend zugerufen haben: „Liebe will ich, nicht Schlachtopfer; Hingabe, nicht Brandopfer" (Hos 6,6). Ich werde also heizen, sobald es mir notwendig erscheint; im Augenblick komme ich noch ohne aus, noch geradeso. Tagsüber suche ich mich durch Bewegung im Garten und in der Werkstatt aufzuwärmen; nachts, nach dem langen Offizium in der Kirche, bringe ich den Kreislauf dadurch wieder in Schwung, daß ich mehrmals die Treppe herunter- und wieder hochlaufe. Wenn ich den dumpfen Lärm von der Gegenseite richtig interpretiere, praktiziert Dom Martin neben mir in der Zelle O die gleiche Methode.

Sonntag, 28. Oktober

In der Nacht hat es geschneit, am Morgen versteckt sich die Kartause mit ihren hundert verwinkelten Dächern unter einer dicken Schneedecke, um im Licht der aufgehenden Morgensonne wie ein riesiger Kristall mit feinst geschliffenen Facetten tausendfach aufzublitzen. Solcherart muß das Bild gewesen sein, das den holländischen Schriftsteller Pieter van der Meer anregte, die Valsainte in seiner euphorischen Sprache das „weiße Paradies" zu nennen. Der Titel ist höchst mißverständlich. Einzig richtig an ihm mag sein, daß man sich vermutlich nirgends intensiver und konsequenter nach dem Paradies ausstreckt als hier; aber das oder ein Paradies ist die Kartause nicht. Eher trifft das Bild vom Schlachtfeld die Wirklichkeit. Wer sich wie die Kartäuser ganz auf Gott einläßt, darf gewiß sein, daß er von IHM wie der Patriarch Jakob zum Zweikampf herausgefordert wird (Gen 32). Gott prüft seine Freunde in einem zähen, unerbittlichen Ringen. Obwohl ich erst seit wenigen Monaten hier bin, spüre ich doch täglich – einmal mehr, einmal weniger – die Härte dieser Berufung. „Allein die Gnade wird Ihnen die Kraft geben, das Leben eines Kartäusers zu führen!" warnte denn auch mein Beichtvater am Anfang, als ich ihm begeistert von meinem selbst erzwungenen Eintritt erzählte. „Willenskraft – und selbst die stärkste – reicht nicht aus. Gewinnen Sie Gott für Ihren Plan! ER muß wollen! Ohne IHN haben Sie keine Chance!" Das waren deutliche Worte. Seitdem bete ich täglich um die Gnade der Berufung, in den Zeiten des

Studiums beschäftige ich mich mit der „Gnadenlehre“ von M. Scheeben, einem bedeutenden Dogmatiker des 19. Jahrhunderts.

Mittwoch, 31. Oktober (Vigil vor Allerheiligen)

Wie recht P. Bruno, der Autor mehrerer Bücher über Kartäuserspiritualität, in einer Predigt zum Fest Allerheiligen hatte: „Menschen, die den Versuch machen, nach unserer Regel zu leben, klagen oft nach einigen Wochen monastischen Lebens, es sei zu leicht ... Dennoch kommt es dann nicht selten vor, daß die gleichen, die dieser Enttäuschung Ausdruck gaben, uns nach einiger Zeit verlassen, und zwar aus dem entgegengesetzten Grund: nun empfinden sie unsere Lebensweise als zu hart und unmenschlich“ (Sendung der Stille, 155). Geklagt über zu wenig Buße hatte am Anfang auch ich und – erfolglos – um die Erlaubnis nachgesucht, wenigstens zweimal im Monat fasten zu dürfen. Nach sechs Monaten bereits weiß ich, daß Fasttage bei Brot und Wasser ihre besondere Last haben: Die Stunden schleppen sich nur so dahin; immer wieder machen die Gedanken sich am Essen fest, die Phantasie lockt mit tausend Bildern, Gerüchen und Geschmäckern. Ein Trappistenabt, Facharzt für Psychiatrie, weiß plausibel zu erklären: „Wir alle wünschen, begehren und brauchen Befriedigung, aber im Bereich des Klosters sind die üblichen Weisen, Befriedigung zu finden – Sprechen, Beachtetwerden, Zerstreuungen und so weiter –, nicht verfügbar. So fängt man an, auf primitivere Dinge zu verfallen ... Man wird sich viel stärker sehr elementarer Begierden bewußt. In einem gewissen Sinn sackt man ab und macht Rückschritte, aber zugleich wird man auch empfänglicher für geistliche Führung, und ein Raum tut sich auf, in dem sich das Gebet und das asketische Leben entfalten können“ (Nouwen, 55).

Freitag, 9. November

Höhepunkt des Kartäusertages ist die Eucharistiefeier am Morgen, die Stillmesse in einer der vielen Kapellen, bei der die Novizen und die Jungprofessen den Priestermönchen ministrieren. Wer wem zugeteilt ist, markiert Pater Sakristan an der „Tabula". Die Stillmesse ist die einzige Möglichkeit des direkten Kontaktes zwischen „Jungen" und „Alten", eines Kontaktes allerdings, der – sieht man von den liturgischen Formeln ab – wort- und lautlos abläuft. Denn weder bei der Meßvorbereitung noch bei der Messe selber gibt es etwas, was eine Frage, eine Bitte, eine Bemerkung rechtfertigte. Alles für die Messe Notwendige hat seinen festen Platz, alle erforderlichen Handgriffe sind vertraut. So, in laut- und wortloser Begegnung, habe ich in den zurückliegenden Monaten fast alle Patres „kennengelernt"; bis heute mußte ich allerdings warten, um Dom Oreste ministrieren zu dürfen. Mein sonst so fröhlicher Nachbar zeigte sich in dieser Stunde ganz ernst, ganz in sich gekehrt. Das Stehen am Altar verlangte ihm alle Kraft ab, was ihn aber nicht dazu bewegen konnte, sich zu beeilen. Langsam und feierlich sprach er die Texte; mit zittrigen Händen, die sich immer wieder auf dem Altartisch ausruhen mußten, vollzog er die heilige Handlung. Seine Brust ging schwer, als wir am Ende der Messe danksagend auf dem kalten Boden der Kapelle lagen. Ein Greis voll kindlicher Frömmigkeit! Sechzig Jahre exakt trennen uns beide, ein ganzes Menschenleben. Er hat den Gipfel des Berges bereits erklommen, an dessen Fuß ich noch herumirre.

Montag, 12. November

Hoher Schnee zwang uns heute, unseren Spaziergang in Richtung Taleingang zu verlegen, wo die Wege geräumt sind. Die wenigen Dorfbewohner von Cerniat und Charmey, denen wir unterwegs begegneten, grüßten freundlich im Vorübergehen mit einem kurzen „Bonjour, mon Père!" Man weiß um die Vorliebe der weißen Mönche für die Einsamkeit und hält sich diskret zurück.

Im Gespräch mit Marcel, einem Libanesen aus Beirut, der vor drei Wochen ankam, erfuhr ich erstmals wieder seit einem halben Jahr Neues aus der Weltpolitik. Zu meiner Überraschung und auch Enttäuschung hat sich in den vergangenen sechs Monaten, abgesehen von ein paar Gesichtern und einigen Schauplätzen, nichts verändert: Nach wie vor rangeln die Großmächte um Zentimeter auf dem politischen Parkett, im Vorderen Orient tobt weiterhin der Krieg, in Südafrika, in Mittel- und Südamerika kämpfen die Unterdrückten immer noch um soziale Gerechtigkeit und ein menschenwürdiges Leben. Wie ich die Bilder verabscheue! Am Anfang fehlten mir Zeitung, Radio und Fernsehen sehr. Gerne hätte ich es gesehen, wenn die Kartause sich wie andere kontemplative Orden den Medien geöffnet hätte. Wie z. B. einzelne Karmeliten- und Klarissenkonvente, anerkannt asketische Gemeinschaften, wo man sich allabendlich vor dem Fernsehen versammelt, um die Nachrichten vom Tage anzuschauen. Nicht etwa, weil man unbedingt modern sein will oder gar fernsehsüchtig wäre, sondern um sich durch die Konfrontation mit der Not der Welt zu eifrigerem und inbrünstigerem Gebet für diese Welt stimulieren und motivieren zu lassen. Die Idee ist gut und für einige Orden sicherlich von positiver Wirkung, für die Kartäuser aber kaum. Für sie, die sich nicht nur in verlassene Gegenden, sondern auch in weitläufige Bauten zurückziehen, um bestmöglich die äußere Einsamkeit als Voraussetzung für das innere Schweigen zu sichern, wäre es geradezu widersinnig, die Welt auf dem Umweg über die Medien ins Kloster hereinzuholen. Die Statuten formulieren denn auch unmißverständlich, daß es dem Ordensgeist widerspricht, „Zeitungen, die über Politik handeln, irgendwie in den Kreuzgang einzuführen“ (6. 5.). Radio und Fernsehen liegen gar so weit außerhalb des kartusianischen Horizontes, daß sie erst gar nicht erwähnt werden.

Samstag, 24. November

Seit acht Tagen nun schon schreibe ich an einem Brief, dem letzten vor Weihnachten, an Mutter und Schwester. Was nur soll ich ihnen erzählen? Ein Kartäusertag ist so arm an äußeren Ereignissen! In 20 von 24 Stunden sehe und höre ich niemanden, und auch die restlichen vier Stunden, die ich mit der Klostergemeinde in der Kirche verbringe, geben wenig an interessanten Neuigkeiten her. In meiner pennälerhaften Not, das Blatt zu füllen, beginne ich über die Monotonie des Kartäuseralltags zu philosophieren: „Diese Eintönigkeit hat zwei Gesichter. In einer Welt, die den Menschen mit den verschiedensten Eindrücken überflutet und zu ertränken droht, ist sie heute als besonderes Geschenk zu schätzen. Ein fester, gleichförmiger Rhythmus hilft der Seele, stille und ruhig zu werden, und macht sie sensibler und aufnahmefähiger für die leisen Töne Gottes. Zeitweise jedoch kann diese Eintönigkeit auch zu einer schweren Last werden. Zu wissen, daß nichts und niemand an diesem und auch am morgigen Tag auf mich wartet, daß nichts und niemand mich in 24 Stunden überraschen wird, wirkt zuweilen lähmend. In solchen Stunden ist man lustlos und müde; man gerät in die Gefahr, sich treiben zu lassen. Es ist dies eine Erfahrung, die nicht erst ich gemacht habe. In den Betrachtungen eines alten, erfahrenen Kartäusermönches fand ich den tröstenden Satz: ‚Es gibt sicher keinen Einsiedler, der nicht unter der grauen Alltäglichkeit seines Horizontes ... gestöhnt hätte.‘“

Ob Mutter und Schwester meinen Exkurs verstehen? Aber an diese Art von Brief werden sie sich gewöhnen müssen, wenn sie wünschen, daß ich weiterhin alle vier Wochen einen Din-A 4-Bogen füllen soll.

Donnerstag, 29. November

Früher habe ich mich über sie mehr geärgert als gefreut, hier in der Kartause sind sie mir zum Symbol geworden, aus dem ich an Tagen wie heute Kraft schöpfe. Ich meine die Spatzen, diese grau-braunen Frechlinge unter den Vögeln, die sich in aller Welt gleich keß aufführen. Seitdem ich vor meinem Tischfenster Futter ausgelegt habe, sind sie meine ständigen Gäste, laut und aggressiv, trotz der beißenden Kälte voller Übermut. Manchmal möchte ich durch die beiden Glasscheiben, die uns voneinander trennen, hindurchlangen und Ordnung und Recht schaffen. Doch läßt nicht der liebe Gott auch uns unsere Freiheit? So begnüge ich mich damit, meinen munteren Gästen vor allem während des Essens zuzuschauen und meine Gedanken immer wieder auf Jesu „Spatzenlogion" hinzulenken: „Verkauft man nicht zwei Spatzen für ein paar Pfennige? Und doch fällt keiner von ihnen zur Erde ohne den Willen eures Vaters ... Fürchtet euch also nicht! Ihr seid viel mehr wert als viele Spatzen!" (Mt 10,29–31). An Tagen wie heute, wenn ich mich verlassen und vergessen fühle, hält mich dieses Jesuswort auf den Beinen. Gibt es ein anschaulicheres und überzeugenderes? Doch wann endlich begreife ich es? Wie es aussieht, wird es Spatzen bis zum Ende der Welt geben müssen, da wir Menschen so leicht vergessen, daß Gott uns nie vergessen wird.

Samstag, 1. Dezember

Wenn man mich fragte, wie ich mich in den letzten Monaten verändert hätte, könnte ich, ohne lange zu überlegen, antworten: Ich bin sensibler geworden; meine Augen haben sich geweitet, sehen tiefer. Ich freue mich an Winzigkeiten in meiner kleinen Welt, an denen ich am Anfang vorbeigelaufen bin. Es gibt Augenblicke, in denen ich mit dem Psalmist laut singe: „Wie wunderbar, o Herr, sind deine Werke!" (Ps 139,14).

Dienstag, 4. Dezember

Seit Wochen schon ist tagsüber aus dem im Norden der Kartause gelegenen Wald das nerventötende Gekreische einer Motorsäge zu hören. Es gehört zu den Brüdern, zu Bruder

Laurent, Bruder Josef und Bruder Marcel, die jetzt im Winter Holz fällen – zum Verkauf, aber auch für den Eigenbedarf des Klosters. Als ich am Nachmittag nach der Vesper ins Souterrain hinabsteige, stoße ich auf einen Stapel kantigen Buchenholzes im unteren Flur. Die Brüder haben es durch die rückwärtige Kellertür hereingeschoben, einen Raummeter wenigstens. Morgen werde ich die Scheite in meinen Holzkeller nebenan transportieren und aufstapeln und gleich in den nächsten Tagen schon mit dem Zerkleinern beginnen. Nicht, weil ich darauf angewiesen wäre – im Keller liegen noch mehrere Meter trockenen Holzes, das mein Vorgänger aufbereitet hat –, sondern weil die Arbeit am Holz mir wie keine andere Spaß macht.

Freitag, 14. Dezember

Seitdem die Temperaturen nachts bis minus 20 Grad und mehr absinken, verkrieche ich mich nach dem Nachtoffizium für eine Viertelstunde hinter meinem Donneröfchen, um mich aufzuwärmen. Dabei schnitze ich an einem Christuskopf, den ich Mutter und Schwester zu Weihnachten schenken will. Die Idee dazu kam mir spontan, als ich vor vier Wochen unter den Holzvorräten meines Vorgängers einen kopfgroßen Kirschbaumwürfel mit einer ausnehmend schönen Maserung fand. Vielleicht war es verwegen, gleich mit einem solch schwierigen Objekt zu beginnen, und das ohne Anleitung und Vorlage. Doch P. Novizenmeister, der erprobte Handwerker, ermutigte mich. Nach vier Wochen ist das „Meisterwerk" zwar immer noch ein Rohling, gibt aber bereits deutlich zu erkennen, was einmal aus ihm werden soll.

Montag, 24. Dezember (Heiliger Abend)

Erinnerungen an den Heiligen Abend im Familienkreis zu Hause hatten mir Angst gemacht, Angst vor dem Alleinsein, Angst vor der kartusianischen Einfachheit und Strenge, die für weihnachtliche Atmosphäre sicherlich wenig übrig hatte. Doch wie hatte ich mich geirrt! Mein Weihnachtsglück fing bereits vor acht Tagen an, als P. Magister in der sonntäglichen Konferenz fragte, wer die Noviziatskrippe in seiner Zelle aufbauen wolle. Bei dem Wort „Krippe“ packte mich das Fieber, ganz wie zu Hause, wenn die Mutter die erste Kerze am Adventskranz anzündete und damit das Signal gab, daß ich nun endlich das vom Vater geschnitzte Krippchen vom Speicher herunterholen durfte, um es zu säubern und zu reparieren. Durfte ich auf gleiches Glück auch hier in der Kartause hoffen? – Ich durfte, denn das Los fiel auf mich.

Acht Tage lang bastelte und werkelte ich, wann immer nur möglich; heute nachmittag erst konnte ich aufatmen. Mein kahles „Ave Maria“ erstrahlt in weihnachtlichem Glanz. Im Schutze von vier hohen Fichten in der rechten Zimmerecke versteckt sich das Krippchen: In Anlehnung an Fotos von den Hirtenfeldern in Betlehem habe ich es als Felsengrotte gestaltet, in der Hauptsache aus rohem Gestein aus meinem Garten, karg und nüchtern, wie in Wirklichkeit. Über ihm erstrahlt ein riesiger Stern, der Stern von Betlehem, der den Magiern den Weg zeigt (vgl. Mt 2,1–12).

Von wo aus ich auch ins „Ave Maria“ eintrete, ob vom Wandelgang oder vom „Cubiculum“ her, immer treffen meine Augen als erstes das Kind im Futtertrog. Eine Stunde lang saß ich heute am späten Nachmittag vor ihm auf dem Boden und betrachtete es still im Schein einer Kerze. Ein tiefer Friede erfüllte mich, als ich mich um 17 Uhr zum Schlafen niederlegte, um für das Nachtoffizium um 21 Uhr ausgeruht und frisch zu sein.

Dienstag, 25. Dezember (1. Weihnachtsfeiertag)

Tausend Sterne glänzten am Himmel, als ich nach dem Nachtoffizium gegen 2 Uhr zum Fenster hinausschaute. Sie alle und unendlich viele andere, die kein Computer zu speichern vermag, hält Gott in seiner Hand. „Mein Gott, wie groß und mächtig Du bist! DU, den die Himmel und die Himmel der Himmel nicht zu fassen vermögen (1 Kön 8,27), wirst wie ein Sklave und den Menschen gleich (Phil 2,7). Dieses Geheimnis ist zu groß, als daß wir es begreifen könnten!"

Nichts, kein Gespräch, kein Telefonanruf, keine Post und kein Geschenk störten mich an diesem ersten Feiertag, dieses Mysterium zu meditieren.

Mittwoch, 26. Dezember (2. Weihnachtsfeiertag)

Das war ein wunderschöner Tag heute!
Nach der Non versammelte sich das ganze Noviziat mit P. Magister an der Spitze vor dem Krippchen bei mir im „Ave Maria". Zur Begrüßung hatte ich eine Unmenge von Kerzen angezündet, ein Tonband spielte Weihnachtsmusik – die Überraschung war perfekt. Zuerst stand man da und schaute – stumm, mit offenem Mund, hilflos wie Kinder am Heiligen Abend, bis sich die Spannung löste. Dann aber lachte und erzählte man, betrachtete Fotos von der neuen Kartause und sang die schönsten Weihnachtslieder der Welt – zwei ganze Stunden lang. Eine solche Stimmung, so heiter und so fröhlich, hatte Zelle N wohl kaum vorher schon einmal erlebt.

Dienstag, 1. Januar

2.10 Uhr: Als um Mitternacht die Menschen in aller Welt das neue Jahr mit Leuchtraketen und Böllerschüssen begrüßten und sich beglückwünschten, sangen wir – wie in jeder Nacht seit 900 Jahren – in der Kirche die Matutin. Nichts zeigte an, daß wir in ein neues Jahr hinüberwechselten. Was wird es mir bringen? Ihm entgegenzuträumen, für fünf Minuten wenigstens, nehme ich mir nach dem Nachtoffizium die Zeit, während ich mich hinter meinem donnernden Kanonenöfchen aufwärme. Obwohl erst zwei Stunden alt, brauen sich über ihm dunkle Wolken zusammen. Der Brief von Mutter und Schwester, den P. Novizenmeister mir am Sonntag gab, klingt verzweifelt.

Kein Wort des Vorwurfs in ihm wie bisher, sondern immer nur die Bitte: Komm zurück! Werde ich mit dieser Last in der Einsamkeit leben können? Als Angst sich breitzumachen beginnt, klammere ich mich an die Verse des evangelischen Theologen Dietrich Bonhoeffer, die mir in den letzten Wochen so oft schon mein Vertrauen in Gottes gütige Vorsehung zurückbrachten:

> „Von guten Mächten wunderbar geborgen,
> erwarten wir getrost, was kommen mag.
> Gott ist mit uns am Abend und am Morgen
> und ganz gewiß an jedem neuen Tag."

Sonntag, 6. Januar

Ich hatte mich nicht getäuscht, als ich in der Silvesternacht dunkle Wolken über mir aufziehen sah. Daß sie mich aber schon so bald überschatten und in Dunkelheit hüllen sollten, ahnte ich vor sechs Tagen allerdings nicht. Heute hatte P. Novizenmeister gleich drei Briefe für mich, einen von Tante B., einen zweiten vom Bürgermeister meines Heimatdorfes und einen letzten von unserem Hausarzt. Sie alle wiederholen auf mehreren Seiten immer nur den einen Satz: „Komm zurück! Komm heim! Mutter und Schwester brauchen Dich!" Als wenn man ein Komplott gegen mich geschmiedet hätte!

Mittwoch, 9. Januar

Am Nachmittag besuchte mich P. Prior, um mit mir über meine Situation nach den letzten Briefen zu sprechen. Er versteht meine Not, hält aber nach wie vor an seinem alten Satz fest, mit dem er bisher alle seine Gespräche mit mir über Mutter und Schwester beendete: „Wenn Gott Sie als Kartäuser haben will, wird er Ihnen genügend Kraft schenken auszuhalten, auch gegen den Willen Ihrer Angehörigen." Ich muß zugeben, daß der

Satz zwar hart klingt, aber – da er mit Gott ganz Ernst macht – nicht mehr als konsequent ist. Gott wird mich in meiner Not, dessen bin ich sicher, nicht allein lassen. Allerdings darf ich nicht erwarten, daß seine Wege die meinen sind (vgl. Jes 55, 8). „Dein Wille geschehe, und nicht der meine!" wird daher mein Gebet in diesen Tagen lauten. „Doch gib ihn mir zu erkennen, klar und deutlich, damit ich am Ende auch wirklich das tue, was du willst!"

Donnerstag, 17. Januar

Das „Briefbombardement" der letzten Wochen beginnt zu wirken. Seit acht Tagen habe ich Schwierigkeiten mit dem Einschlafen am Abend; meist liege ich bis zum Nachtoffizium wach. Nervös auch reagiert mein Magen. Ich habe nicht nur keinen Appetit; ich erbreche auch sogleich, was ich esse.

Donnerstag, 31. Januar

Nach dem Nachtoffizium wartete ich darauf, aus dem Chorgestühl herauszutreten und mich in die Reihe der ausziehenden Mönche einzureihen, als Dom Oreste sich zu mir hinbeugte, unauffällig und ohne ein Wort zu sagen, mir ein mehrfach gefaltetes Papier in die Hand drückte, um sich danach aber sogleich blitzschnell umzudrehen und auf steifen, ungelenken Beinen in winzigen Schritten davonzuschlurfen. In meiner Überraschung blieb ich wie erstarrt stehen, besann mich aber schnell wieder und eilte der Mönchskette hinterher, in Gedanken verständlicherweise ganz bei Dom Oreste. Was nur wollte er mit diesem Papier, das ich in der Linken verbarg? Bisher hatte sich unsere Kommunikation doch einzig auf ein kurzes Nicken, ein Lächeln und ein Augenzwinkern beschränkt! Wir waren uns fremd, allein nur vom Ansehen her bekannt.

Wie vermutet, entpuppte sich das Papierchen als ein Kurzbrief. Er war von zittriger Hand geschrieben, mit vielen Schnörkeln und Verzierungen, die das Lesen erschwerten. Nur mit Mühe konnte ich entziffern:

„Mein lieber Dom Romuald,
der gute Gott will Sie als seinen Kartäuser. Verlassen Sie die Kartause nicht! Bleiben Sie ganz ruhig. Mutter wird wieder gesund werden, wie auch Ihre Schwester. Gott wird für sie beide sorgen. Morgen werde ich die Hl. Messe in Ihren Anliegen feiern. Tag und Nacht bete ich viel, viel für Sie, mein lieber Romuald.
Ganz Ihr fr. Oreste Maria M.

Ja, das war Dom Oreste, so wie ich ihn seit neun Monaten neben mir im Chor kennengelernt hatte, ein liebevoller, gütiger Vater, der mitfühlte und mitlitt. Ich war also mit meiner Not nicht allein, selbst die Patres wußten um meine Sorgen und halfen mir beten. Erstmals seit vier Wochen wiederum erfüllte mich Zuversicht. Das Gebet so vieler konnte der Himmel nicht überhören. Er würde mir bei meiner Entscheidung helfen, ich fühlte es.

Samstag, 2. Februar

Seit der letzten Gewichtsüberprüfung vor vier Wochen habe ich mehr als fünf Kilogramm abgenommen. Kein Wunder bei dem rebellierenden Magen! Sicherlich wird P. Novizenmeister morgen schon nachhören. Was soll ich ihm sagen?

Dienstag, 5. Februar

Auf Vorschlag von P. Prior und P. Novizenmeister fuhr ich heute nach Bulle, um einen Arzt zu konsultieren. Das Ergebnis seiner Untersuchung überraschte mich nicht: Schlaf- und Magenstörungen sind eindeutig psychisch bedingt.

Ende Februar verläßt Herr A. nach neun Monaten und sieben Tagen die Kartause La Valsainte, um in die Welt zurückzukehren. Sein Versuch, Kartäuser zu werden, war gescheitert; in den gesundheitlichen

Schwierigkeiten am Ende hatte er Gottes Nein angezeigt gesehen. Seine Entscheidung, die Kartause zu verlassen, war seine ganz persönliche; niemand hatte ihn zu beeinflussen versucht, weder in dieser noch in jener Richtung. Im nachhinein wurde ihm klar, daß er nie ohne den Segen der Mutter hätte eintreten dürfen. Hätte er ein bißchen mehr Geduld gehabt, mit sich selber, mit der Mutter und auch mit dem lieben Gott, wäre das Experiment vielleicht geglückt, vielleicht.

P. Prior und P. Novizenmeister verabschieden ihn an der Pforte, väterlich und gütig, wie sie ihm in den vergangenen Monaten begegnet waren. Von den Mitnovizen und Jungprofessen hatte er am Vortag Abschied genommen, mit Erlaubnis von P. Novizenmeister durfte er sie noch einmal in ihren Zellen besuchen und kurz sprechen. (Im Laufe der nächsten Monate sollten ihm sechs von ihnen in die Welt folgen, nur vier finden in der Kartause ihren Beruf. Vier von zwölf, das ist eine gute Zahl; in der Regel legt nur einer von zehn die Ewigen Gelübde ab.)

Auf kurven- und talreichem Weg, auf dem ihn die Mutter nur noch ein Jahr nach seinem Abschied von der Kartause begleiten kann, ehe der Tod sie hinwegnimmt, findet Herr A. seinen Beruf als Lehrer. Obwohl sein Blick am Anfang in ganz andere Richtung ging, findet er hier seine ihn erfüllende Lebensaufgabe. Nach mehr als zwanzig Jahren kann er mit einem unbekannten Beter beten:

„Zurück in die vergangenen Jahre schau' ich:
Ich konnte mein Leben nicht planen.
Ich konnte es nicht machen und nicht vorhersehen.
Aber ich ahne die Hand, die mich führt.
Ich staune über den Plan,
den Du in mein Leben gelegt hast.
Über die Wendungen in meinem Schicksal
und seine Geradlinigkeit.
Du führtest mich, und ich erkenne, hinterher,
daß es Deine Hand war.
Viele meiner Wünsche blieben unerfüllt,
und ich erkenne, hinterher:
So war es gut.
Ich schaue zurück und danke Dir!“

3. „Eine tolle Mannschaft!"

Wer von Seibranz her über einen schmalen Feldweg anreist, vorbei an einsamen Höfen, deren rote Dächer und weißes Mauerwerk mit dem nuancenreichen Grün der Landschaft, der Wiesen und Wälder eine ewigschöne Farbharmonie ergeben, schaut lange vergebens aus, bis er endlich vor sich über den Wipfeln 20jähriger Tannen einen unauffälligen, hölzernen

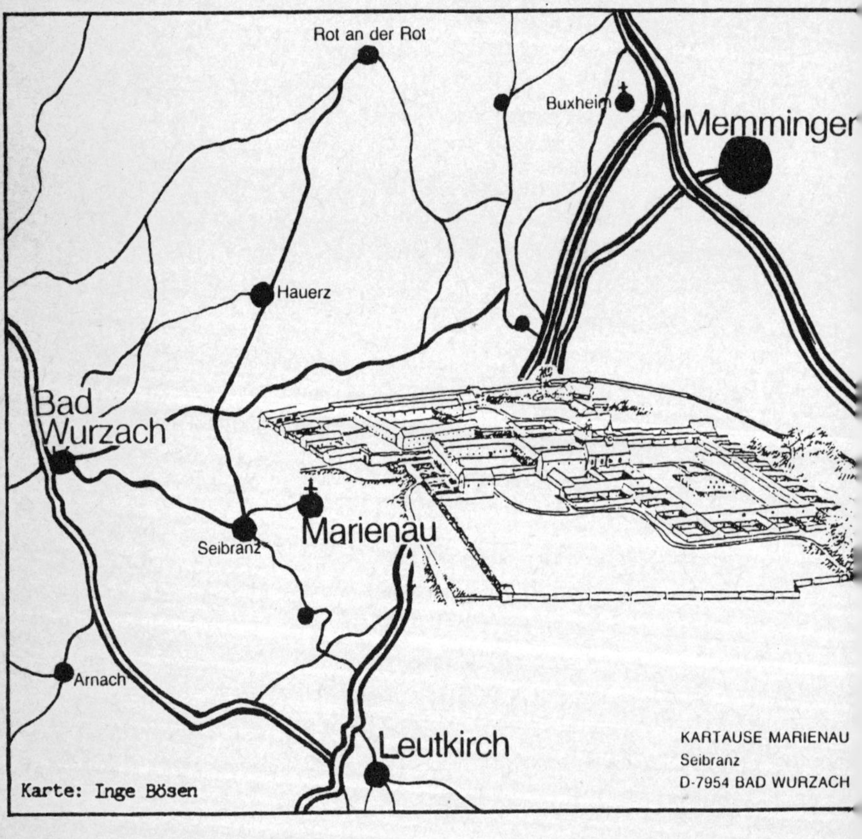

Dachreiter erkennt. Er ist am Ziel! Nur wenige hundert Meter noch, eine scharfe Biegung nach rechts, und vor ihm beginnt sich die „Marienau“, die einzige deutsche Kartause, auszubreiten, eine imposante „Klosterstadt“ – zehn Hektar groß, auf allen vier Seiten von einer 2,50 Meter hohen und 1250 Meter langen Mauer umgeben, im Inneren nach einem wohldurchdachten Plan angelegt. Da von keinem noch so niedrigen Berg oder Hügel tangiert, ist das Ganze leider nur auf einer Luftaufnahme zu überschauen und zu bewundern. Dem Besucher zeigt sich die Anlage einzig in wenigen Randpartien, in einem langgezogenen, zweistöckigen Gebäude im Westen, in dem, wie an einer kleinen, offenen Vorhalle zu erkennen, die Pforte untergebracht ist, und – auf einem Spaziergang um die Nordwestecke, in genügendem Abstand von dem graubraunen „Betonband“ der Klostermauer – in roten Ziegeldächern über gelb- und weißgetünchten Fassaden. Insgesamt in Bildern von großer Einfachheit, in der Linienführung fast ausschließlich auf Horizontale und Vertikale reduziert, im Material auf Stein und Holz beschränkt, bis in Kleinigkeiten hinein dem Geist der Neuen Statuten treu: „Denn nicht von eitler Pracht und Kunst sollen unsere Häuser Zeugnis geben, sondern von der Armut nach dem Evangelium“ (28.17.).

Da das Kloster nicht besichtigt werden kann und auch durch nichts, nicht einmal durch eine für alle zugängliche Kapelle, Besucher anlockt, ist der kleine Parkplatz unterhalb der Pforte meist leer. Nur gelegentlich einmal finden Wanderer, Rad- und Autofahrer den Weg hierher; in der Hauptsache sind es Kur- und Feriengäste aus Bad Wurzach und Umgebung, die im Prospekt der Kurverwaltung von der „Marienau“ als der „einzig bewohnten Kartause Deutschlands mit interessanter Klosteranlage“ gelesen haben oder von Einheimischen informiert wurden. O ja, in Oberschwaben ist man stolz auf die weißen Mönche! Als das Kloster vor 25 Jahren gebaut wurde, pilgerte man an Sonntagen in regelrechten Prozessionen aus Männern, Frauen und Kindern zu der Großbaustelle. Zu ungewöhnlich war die Konstruktion, als daß man von ihrer Besichtigung absehen konnte! Im Herbst 1964 kamen die Patres und Brüder. Zuerst war man skeptisch, wurde aber bald schon tief beeindruckt von der Konsequenz und Härte ihres Lebens; diese Männer – spürte man – meinten es ernst. Seitdem ist in zwanzig Jahren die Sympathie gewachsen. Wen ich auch frage, den Ortsvorsteher von Seibranz-Ösch oder meine Wirtin in Hauerz, Bauern der umliegenden Höfe oder Spaziergänger, man ist voller Hochschätzung und Bewunderung: „Allen Respekt vor diesen Männern!" Gelegenheit, ihnen zu begegnen, besteht nur einmal in der Woche, meist montags, wenn sie auf ihrem wöchentlichen Spaziergang über die Wald- und Feldwege dahinziehen und auch schon einmal ein Dorf passieren. Sie grüßen freundlich, verweilen aber nie, auch nicht, wenn sie dazu eingeladen werden. Ansonsten hört man nur ihre Glocke, mehrmals am Tage, aber auch in der Nacht, im Sommer wie im Winter. Dem, der den Mut hat, an der Pforte zu läuten, zeigt sich nach kurzer Zeit hinter einem winzigen Guckfenster Br. Thomas. Ihm, der die Seele eines Lammes in sich trägt, hat man in der Rolle des Pförtners die Aufgabe eines Hofhundes übertragen, den Eingang nämlich, die schwächste Stelle der „Klosterstadt", vor der Welt und ihrem Lärm zu schützen, sind doch Lärm und Unruhe für den Kartäuser, was schmutziges Wasser für den Fisch. Seine Stimme klingt eher weich, in jedem Fall ist sie zu lautem Gebell völlig ungeeignet. In sein schmales, blasses Gesicht haben sich in Jahrzehnten Güte und Freundlichkeit so tief eingegraben, daß kein Muskel mehr bleibt für Unwillen und Härte. Jedes Nein, mit dem er die Bitte um eine Besichtigung des Klosters ablehnen muß, fällt ihm – man spürt es – von Herzen schwer, so daß man gerne bereit ist, es zu akzeptieren. In seinem kleinen Schalterlädchen hat er dem Besucher nicht viel anzubieten – ein paar Postkarten von der Kartause, eine von den Mönchen redigierte Broschüre über die „Marienau", zwei bis drei weitere Bücher und Hefte über die Kartäuser und schließlich ein Kräuterelixier, das nach einem mehr als 300 Jahre alten, von der „Großen Kartause" streng gehüteten Rezept aus 130 Heil- und Aromakräutern hergestellt wird. Auf Fragen antwortet er mit einer nimmer müde werdenden Geduld und Freundlichkeit, auch auf die meinigen, die vor mir schon hundert andere gestellt haben.

Ich fühle mich ganz ernst genommen, so als wäre ich der erste und einzige, der sich interessiert. Als wir einmal in einer ganz stillen Minute, diskret und vorsichtig, von der eigenen Berufung sprechen, wird sein Bericht am Ende zu einer begeisterten Liebeserklärung: „Hätte ich früher von den Kartäusern gewußt, wäre ich eher schon eingetreten!" Bis er 1967 ihre Adresse erfährt, ist er seit drei Jahren bei den Steyler Missionaren, einer Priesterkongregation, die es sich zur Aufgabe gemacht hat, das Evangelium in die Welt hinauszutragen. Daß dies nicht seine Berufung ist, erkennt er während der Exerzitien bei Benediktinern. Es verlangt ihn nach mehr Einsamkeit und Stille. Beides findet er dann in der „Marienau", was aber nicht heißt, daß er sich hier nur der Betrachtung hingeben könnte. Als gelernter Schneider verwaltet er neben der Pforte noch die Schneiderei, d. h., er trägt Verantwortung für alle im Kloster anfallenden Näharbeiten, für die Kleider und Wäsche von im Augenblick 35 Mönchen wie auch für alle Kirchenwäsche. „Langeweile? – Das Wort habe ich nie gelernt!" antwortet er spitzbübisch lächelnd, mit einem leichten Akzent in der Aussprache; denn er ist Holländer.

Nachdem ich zwei Tage lang das Kloster in kleinen und großen Kreisen umwandert und in seiner ihm eigenen Atmosphäre in mich aufgenommen habe, nehme ich Abschied von ihm auf einem kleinen Betonmäuerchen gegenüber der Pforte. Von hier werden heute die Patres – wie ich von Bruder Pförtner erfahren habe – zu ihrem wöchentlichen Spaziergang aufbrechen. Gelegenheit zu einem Gespräch wird es nicht geben, aber ein paar Fotos werde ich schießen können, diskret und aus genügender Entfernung. Der Himmel hat sich seit einer Stunde mit regenschweren Wolken überzogen; meine Angst, daß der Spaziergang verschoben werden könnte, wächst. Doch pünktlich, gegen 13.20 Uhr, öffnet sich die Klosterpforte und läßt die Patres ins Freie treten, einen nach dem anderen. Sekundenlang steht man etwas ratlos umher, schaut nach einem Begleiter aus, um sich dann aber entschieden zu Zweiergruppen zu formieren und loszumarschieren. Als erste lösen sich zwei ältere Mönche und biegen in den an das Kloster angrenzenden Wald zu meiner Rechten ein; in die entgegengesetzte Richtung brechen vier jüngere auf, eine letzte Gruppe von ebenfalls vier schließlich, unter ihnen ein junger Mann in Zivil, kommt direkt auf mich zu. In meiner Verlegenheit lasse ich den Fotoapparat sinken, lächle, um Entschuldigung bittend, werde aber sofort lebendig, als ich in das Gesicht des die „Truppe“ anführenden Paters schaue: ein rotbackig-gesundes Gesicht mit strahlenden Augen, ein Gesicht voll ansteckender Heiterkeit! Ich kenne es! Es gehört P. Stephan, einem Endvierziger, dem Novizenmeister der Kartause. Vor wenigen Wochen bin ich ihm auf dem Fernsehschirm begegnet, in einem halbstündigen Dokumentarfilm über die „Marienau“. Es hat sich mir eingeprägt, weil mich tagelang beschäftigte, was er mit einer mitreißenden Begeisterung vor der Kamera von seiner Berufung erzählte. Als der Anruf ihn erreicht, ist er bereits vierzig und seit fünfzehn Jahren Priester, zuletzt ganz offensichtlich erfolgreicher Pfarrer einer Großstadtgemeinde in der Diözese Mainz: „Der äußere Ablauf ist völlig undramatisch und schnell geschildert: Gott packte mich bei einem Vortrag vor Nonnen, denen ich den Gedanken der Ganzhingabe zu verdeutlichen suchte. Plötzlich spürte ich in meinem Inneren: Du müßtest radikaler werden, etwas Radikaleres tun! Aber was? Ich wußte es nicht! ... Eines Tages dann kam die Kirchenzeitung ins Haus mit einem Bericht über die Kartäuser. Als ich ihn gelesen hatte, war ich Feuer und Flamme. Das war es, was ich suchte; dort mußte ich hin! Meine Pfarrangehörigen waren zunächst gar nicht einverstanden. Wir hatten – relativ gesehen – ein ziemlich gutes Verhältnis miteinander. Als sie von meinem Plan hörten, schickten sie Petitionen an den Bischof mit der Bitte, mich doch nicht zu versetzen. Denn man dachte, ich sei strafversetzt worden; ich müßte in ein Kloster, weil ich etwas angestellt hätte. Der Bischof konnte sie beruhigen; mich bat er, noch einmal zu überlegen und – im Gedanken an das Opfer des Opfers – darauf zu verzichten, ins Kloster zu gehen. Aber der Zug war schon im Laufen; ich konnte ihn nicht mehr anhalten!“

Ja, es ist das gleiche strahlend-fröhliche Gesicht aus dem

Fernsehfilm, das mir jetzt zunickt, stutzt, als es seinen Namen hört, nachfragt und über die Kurzgeschichte meiner Bekanntschaft staunt. „Wollen Sie nicht mitkommen?“ ist die spontane Reaktion. „In vier Stunden sind wir wieder zurück!“ Ich zögere, doch nur einen Augenblick; zu verlockend ist die Einladung, als daß ich sie – ohne mich später zu ärgern – ausschlagen könnte. Eine kurze Umgruppierung, und ich marschiere mit P. Stephan los; im Abstand von 50–100 Metern folgen die drei jungen Männer. Ohne große Umschweife kommen wir zum Thema, nicht zu der Welt und ihren Neuigkeiten, wie man vielleicht erwarten könnte, sondern zu Gott. In den zehn Jahren seines Kartäuserdaseins hat P. Stephan ihn vor allem als liebenden und liebeshungrigen Gott erfahren. Als liebeshungrigen? – „Ja, Gott ist ein ‚eifersüchtiger‘ Gott, der keinen Nebenbuhler duldet. Von seiner ‚Eifersucht‘ spricht das Alte Testament ausdrücklich an mehreren Stellen (Ex 20,25; 34,14; Dtn 4,24; 5,9; 6,15), verhüllt und in Bildern in fast allen Schriften. ‚Du sollst Jahwe, deinen Gott, lieben aus deinem ganzen Herzen, aus deiner ganzen Seele und mit all deiner Kraft‘ (Dtn 6,5), lautet ein zentraler Text im Deuteronomium. Jesus wird diesen Vers 600 Jahre später wiederum aufgreifen und – um die Forderung der Nächstenliebe erweitert – zum größten und wichtigsten aller Gebote machen (Mk 12,28–34). Nach Liebe, nach ungeteilter Liebe, hungert Gott. Nicht, weil er ein ichsüchtiger Despot wäre, sondern weil er einsam ist, einsam in seiner Heiligkeit!“ P. Stephan hält für einen Augenblick inne, um dann aber voller Leidenschaft fortzufahren: „Wer Gott einmal in seinem Liebeshunger erfahren hat, kann nicht mehr anders, als die Liebe zu seinem Lebensthema zu machen!“ Wie wird er es anpacken, wie konkretisieren? „Wo Gott einziehen soll, muß das Haus von allen Möbeln leer sein! ‚Entrümpelung‘ heißt daher das entscheidende Stichwort, das ihn bis zum Lebensende beschäftigen wird, ‚Entrümpelung von allen Anhänglichkeiten und Abhängigkeiten‘, von allem, was nicht Gott ist, um so Raum für Gott zu schaffen, für Gott allein. Auf daß er früher oder später mit dem hl. Paulus sprechen kann: ‚Nicht mehr ich lebe, sondern Christus-Gott lebt in mir!‘ (Gal 2,20).“

– Hat ihn nie danach verlangt, diese in der Kartause gewonnenen Erfahrungen mit Gott an die Mitbrüder in der Seelsorge draußen und an die Pfarrgemeinde weiterzugeben? – O ja, gesteht P. Stephan, die große Versuchung kam nach zwei Jahren. „Die Welt braucht dein Gotteszeugnis!“ bettelte, argumentierte und drohte es in ihm. Es war ein harter, aber notwendiger Kampf, in dem es um die Echtheit der Berufung zum kartusianischen Gebets- und Opferleben ging. Gott, nicht er, hat ihn damals entschieden – zugunsten der Kartause. Seitdem geht er in blindem Vertrauen seinen Weg, den Weg der Stille und der Einsamkeit, des Opfers und des Gebetes.

– Fünfzehn Jahre aktive Seelsorge und zehn Jahre kontemplatives Leben machen ihn zum Experten für zwei Lebensformen, die gerne gegeneinander ausgespielt werden. Wie sieht er heute die Diskussion? – „Man sollte beide“, so P. Stephan voller Eifer, „nicht in Konkurrenz miteinander sehen. Beide sind nur zwei verschiedene Seiten ein und derselben ‚Münze‘, die geistliches Leben heißt. Trotz unterschiedlicher ‚Profile‘ gehören beide doch eng zusammen, ergänzen sich gegenseitig – wie die äußeren und inneren Organe in einem gut funktionierenden Organismus. Es eint sie ein gemeinsames Ziel: das Reich Gottes, das mit Jesus seinen Anfang nahm. Daß dieses Reich wachse, in die Breite und in die Tiefe, liegt beiden Gruppierungen, den Kontemplativen wie den Aktiven, gleichermaßen am Herzen. Beide sind mit in die Verantwortung hineingenommen: ‚Bittet den Herrn der Ernte, daß er Arbeiter für seine Ernte aussende‘ (Lk 10,2), trägt der irdische Jesus den Jüngern auf. ‚Gehet hin zu allen Völkern, und macht alle Menschen zu meinen Jüngern‘ (Mt 28,19), ruft der Auferstandene den auf einem Berg in Galiläa Versammelten zu. ‚Gehet hinaus!‘ und ‚Betet!‘ – zwei Imperative, die das gleiche Ziel anvisieren, aber von verschiedenen Seiten her auf es zugehen. Um das Reich Gottes aufzubauen, bedarf es der verschiedensten Charismen, tatkräftiger Mitarbeiter, die ‚zupacken‘, aber auch anderer, die wie Mose die Hände zu Gott ausstrecken und bitten (Ex 17,10–12), unaufhörlich bitten, daß sie wie die Witwe im Gleichnis lästig fallen (Lk 18,1–8). Und die Frage der Wertigkeit, über die man in Theologenkreisen gerne streitet? Sie beantwortet allein Gott! Wer wo steht, ist Frage der Berufung."

– Für viele in der Welt, selbst für nicht wenige Priester, leben die Kontemplativen, im Schutze eines Elfenbeinturms, ein ruhiges, ja bequemes Leben mit viel Zeit für Gebet und Meditation, für geistliche Lesung und theologisches Studium, kurz für alles das, was sonst im Alltag des aktiven Seelsorgers zu kurz kommt. – P. Stephan kennt den Vorwurf, er hat sich mit ihm in doppelter Rolle auseinandergesetzt, ehemals als geplagter Pfarrer, heute als kontemplativer Mönch: „Auch wenn es nicht zutrifft, daß der Kartäuser in den Tag hineinleben kann, in Muße und in Freiheit von Terminen, wird man dennoch gerne zugeben, daß er in seiner Zelle wie in einem sicheren und stillen Hafen ruht. Um vieles braucht er sich nicht zu sorgen – weder um seine Kleidung noch um ein Dach über dem Kopf. Sein Tisch ist gedeckt, ohne daß er einer Lohnarbeit nachgehen muß. Was sonst an Notwendigem fehlt, stellt das Kloster bereit. Der Kartäuser ist tatsächlich frei von vielerlei Zwängen, in die hinein die Menschen in der Welt verstrickt sind. Daher kann er sich relativ sorglos mit Maria zu Füßen Jesu hinsetzen und auf das Wort des Herrn lauschen, d. h. in seine Tiefe hineinhören und so ‚im Spiegel und rätselhaft schon ein wenig kosten und erkennen' (3. 9.), was der Meister in seinem Innern meint. Die Kartause als ganze und die Zelle des Kartäusers im besonderen sind ein ruhiger Ankerplatz, an dem man – wie die Statuten sagen – ‚in einer Muße voller Tatkraft und in einer Tätigkeit voller Ruhe' (6. 16.) ganz Gott, IHM allein, leben kann.

Doch ist die Kartause nicht nur friedvolle Oase, sondern auch Wüste, gefährliche Wüste, in der die Seele zeitweise einen unerbittlichen Kampf ums Überleben kämpft. Kontemplatives Leben ist wesentlich ein Leben aus dem Glauben; Skeptiker und Zweifler, die nach Statistiken und nachprüfbaren Fakten verlangen, werden wir nicht überzeugen können. Was uns allein trägt, ist das Wort Jesu, daß dem Bittenden gegeben wird! Im Glauben, und allein im Glauben, wissen wir, daß unser Gebet Gott bewegt; daß es – einer verborgenen Quelle gleich – über tausend geheime Kanäle die Arbeit der Seelsorger und aller am

Reich Gottes Mitwirkenden speist; daß es die unbekannten Nöte einholt, dort, wo keine menschliche Hilfe sie erreicht. Zuweilen tröstet und ermuntert uns Gott durch sichtbare Zeichen der Erhörung. Ist es Zufall, daß es seit meinem Hiersein in der Kartause fünf Priesterberufungen in meiner ehemaligen Pfarrei gibt? Auf lange Strecken hin jedoch marschiert der Kartäuser im Dunkeln, trotz seines täglichen Ringens mit dem Himmel scheint sich nichts positiv zu verändern. So kann es nach Jahren des Sich-Abmühens, des Opferns und Betens, tatsächlich Stunden geben, in denen man sich wie ein Seemann nach wochenlanger Fahrt ohne Landsicht fragt, ob man sich nicht im Kurs geirrt hat. Wer nicht an das Übernatürliche glaubt, hält uns für Verrückte!"

Nach einer Stunde etwa macht P. Stephan halt; denn es ist Zeit, die Gesprächspartner auszutauschen, „damit" – wie von den Statuten empfohlen – „abwechselnd ein jeder mit den anderen sprechen kann" (25.12.). Erst jetzt lerne ich die „Nachhut" kennen, Fr. Benedikt und Fr. Ludger, die beiden Novizen der Kartause „Marienau", und Martin, der für ein paar Tage zu Besuch ins Kloster gekommen ist. Drei junge Männer, 19 der jüngste, 22 der älteste, mit weltoffenen Gesichtern, denen äußerlich in nichts anzusehen ist, daß sie das ungewöhnliche Leben eines Einsiedlers führen, ein Leben in Einsamkeit und Stille, mit Fasten und Nachtwachen. Werden sie mir erlauben, einen Blick in ihre Berufungsgeschichte zu tun? – Nach viertelstündigem Halt, bei dem wir scherzend plaudern, aber auch ernst diskutieren, brechen wir zur zweiten Etappe auf. Mein Begleiter ist, von Fr. Benedikt für mich ausgewählt, Fr. Ludger. Wir finden schnell auf der gleichen „Frequenz" zueinander, noch ehe wir unseren „Vorläufern" im Abstand von hundert Metern folgen.

Fr. Ludger, von Hause aus Westfale, studierte bis zu seinem Eintritt vor einem Jahr Theologie im dritten Semester. Sein Ziel war klar, allerdings nur bis zu jenem Tag, als ein guter Freund ihm von den Kartäusern erzählte, von ihrer Suche nach Gott in der Einsamkeit und ihrem Sühneleben für eine gottferne Welt. Das Gehörte packte ihn total, in Herz und Verstand. Mit dem

Kopf voller Fragen reiste er für acht Tage in die „Marienau", das war im Februar; im Mai bereits kehrte er zurück, im Juni wurde er als Novize eingekleidet. Sollte er seinen Eintritt begründen, geriete er in Verlegenheit. Letztlich hat er sich ohne Grund entschieden, Kartäuser zu werden, nur weil er von dem Kartäuserideal nicht mehr loskam. „Hier habe ich erfahren, daß wirklich nicht ich, sondern nur Gott einen Grund hat, den nämlich, Menschen für sich, für sich allein zu rufen!" Wenn er die vergangenen elf Monate überschaut, muß er feststellen, daß der Anfang nicht einfach war. Nicht, daß die Einsamkeit ihm besondere Schwierigkeiten bereitet hätte! Er kann sich gut beschäftigen, auch in der Freizeit, die in der Zelle zum besonderen Problem werden kann. Im Augenblick bastelt er für Fr. Benedikt aus einem alten Kopierer einen Brennkolben für „Holzmalereien", für die nächsten Monate plant er eine maßstabsgetreue Rekonstruktion seiner Zelle. Aber dennoch ist inzwischen soviel deutlich geworden: Das Leben mit Gott in der Einsamkeit der Zelle ist alles andere als das Zusammensein mit dem Geliebten in der Idylle eines Schrebergartenhäuschens. Ein verregneter Herbst mit wenig Sonne und ein extrem langer und harter Winter mit Dauerfrost von minus 20 Grad haben an den Nerven gezehrt. Besonders getroffen aber hat ihn der Weggang des Freundes vor zwei Monaten, jenes Freundes gerade, der in ihm das Tor zu den Kartäusern vor etwa mehr als einem Jahr aufstieß. Erstmals wurden Zweifel an der eigenen Berufung laut. Daß er geblieben ist und heute klarer sieht, verdankt er zum einen P. Stephan, seiner Kompetenz als Seelenführer, zum anderen aber der Gottesmutter. Schon vor seinem Eintritt hatte er sich ihr in der „Legio Mariae" in besonderer Weise verbunden; im Kloster ist seine Beziehung zu ihr noch enger geworden. Nicht ohne Grund nennen die Statuten sie „die einzigartige Mutter der Kartäuser" (34.2.). Wie sie muß der Kartäusermönch sich offenhalten für den Anruf Gottes und sein „Fiat" sprechen, auch wenn er nicht begreift, wie es geschehen soll (Lk 1,38)! Wie sie muß er Jesus mit sich im Herzen tragen und meditieren, auch wenn er ihn wie sie nicht versteht (Mk 3,20f.)! Wie sie muß er sich von Jesus unter das Kreuz mitnehmen lassen

(Joh 19,27)! Maria ist für jeden Kartäuser Modell, an dem es sich auszurichten und festzumachen gilt.

Seit unserem Weggang vom Kloster vor zwei Stunden führt unser Weg – sieht man von einem kurzen Stück Landstraße ab – durch Wald; durch meist waldiges Gelände auch laufen wir in den beiden nächsten Stunden. Zum erstenmal in meinem Leben sehe ich Wildschweine in freier Natur. Plötzlich stehen sie auf dem Waldweg, drei mächtige, schwarze Tiere, schauen uns furchtlos entgegen, als wollten sie unseren Mut testen, verschwinden dann aber in echtem Schweinegalopp im Unterholz der Tannenschonung. Auf halber Strecke kommen wir an einem einsam gelegenen Bauernhof vorbei. Ein Hund empfängt uns mit wildem Gebell, beruhigt sich aber schnell, als P. Stephan mit ihm spricht. Bauer und Bäuerin, die einzigen Menschen, denen wir auf unserem Spaziergang begegnen, sind damit beschäftigt, den Stall auszumisten. Wir grüßen nur kurz, im Vorbeigehen, ganz wie die Statuten empfehlen: „Müssen sie unterwegs notgedrungen durch benachbarte Dörfer gehen, sollen sie sich begnügen durchzugehen ...; sie sollen sich mit Fremden in kein Gespräch einlassen“ (25.12.).

Nach einer zweiten kurzen Rast darf ich mit Martin weiterlaufen. Vor zwei Tagen schon bin ich ihm auf der Empore der Kirche begegnet, bei der Vesper am Nachmittag, doch beschränkte sich unser Kontakt auf ein stummes Kopfnicken. Was ich vermutete, bestätigt sich jetzt im Gespräch: Martin ist in die „Marienau“ gekommen, um seine Berufung zu prüfen. Die Kartäuser entdeckte er während der Ferien im letzten Jahr bei einem Besuch der Correrie, dem Museum der „Großen Kartause“ bei Grenoble. Am liebsten wäre er sofort schon nach der Rückkehr nach Deutschland eingetreten, doch sein Beichtvater riet ihm, noch wenigstens zwei Jahre zu warten, bis zum 21. Geburtstag. Die Erfahrungen der letzten Tage sind positiv: Hier glaubt er endlich die Stille und Einsamkeit gefunden zu haben, die er bisher in anderen Klöstern vergeblich suchte. Und das Fasten und die Nachtwache? – Sie stellen keine Schwierigkeiten dar: Nach dem Nachtoffizium schläft er bald schon wieder ein; das Essen schmeckt und ist überreich, so daß ihn nicht hungert.

Schwierigkeiten machen allein die Eltern und die Schwester. Vor zwei Monaten haben sie den Film über die Kartause „Marienau“ im Fernsehen gesehen und waren geschockt. Mit Recht, wie er heute sagen muß, denn die Wirklichkeit ist anders als dort gezeigt, zwar streng und einfach, im Grundton aber froh und heiter. Wenn die Eltern erst einmal mit P. Prior und P. Novizenmeister gesprochen haben, werden sie – dessen ist er sich sicher – anders denken.

In unser Gespräch dringen aus der Ferne, durch das Rauschen des hochstämmigen Tannenwaldes verzerrt, die Schläge der Klosteruhr. Irgendwo vor uns muß die Kartause zu suchen sein; nach einer weitausholenden Rundwanderung sind wir wieder zurück in der Gegend, die wir vor dreieinhalb Stunden passierten. P. Stephan rastet noch ein letztes Mal, aber – da die Zeit fortgeschritten ist – nur, um mich für den Rest des Weges Fr. Benedikt zu übergeben. Damit ich auch ihm meine Fragen stellen kann: Wie hat er den Weg zu den Kartäusern gefunden? Wie kommt er mit der Einsamkeit der Zelle zurecht? Wie sieht die Familie seinen Eintritt? – Fr. Benedikt, nach eigenen Worten vom Typ her Realist, antwortet mit bemerkenswerter Nüchternheit, ganz wie jemand, der seinen Weg gefunden hat und nun in aller Konsequenz verfolgt. Den zündenden Funken löste ein Artikel in einer Missionszeitschrift aus, eine begeisterte Lebensbeschreibung über die Mönche in der „Großen Kartause“. Immer wieder las er ihn, und je öfter er ihn verschlang, um so hungriger wurde er nach neuen Informationen. Vom Beichtvater erhielt er schließlich die Adresse der deutschen Kartause „Marienau“, sie besuchte er denn auch gleich nach dem Abitur. Acht Tage der Beobachtung aus der Nähe enttäuschten ihn nicht, doch war er nach den „Neuen Statuten“ für einen Eintritt noch zu jung. Der Prior verabschiedete ihn mit dem Satz: „Wenn Sie 20 sind, dürfen Sie gerne wiederkommen!“ Und er kommt wieder, nach zwei Jahren, die er in einem Brüderkonvent verbrachte. Nach einer letzten Fahrt mit dem Fahrrad, dem geliebten, klopft er am 31. Juli – vor 21 Monaten – an die Klosterpforte und bittet um Aufnahme; sein kleines Gepäck bringen die Eltern später mit dem Wagen nach.

Die Einsamkeit fällt ihm nicht schwer, einfach deshalb, weil sie durch die ständige Gegenwart und den vertrauten Umgang mit dem geliebten Jesus zur Zweisamkeit wird. Ausdruck dafür ist der immerwährende Liebeskontakt in allen Übungen des gedrängten Tagesprogramms. Ein Tag fliegt nur so dahin. Seit die theologischen Studien begonnen haben, ist die Zeit noch knapper geworden. Auch wenn pro Woche nur zwei „Lektionen" zu bearbeiten sind, eine in Exegese und eine in Dogmatik, erfordert der Einzelunterricht, meist ein intensives Gespräch mit dem jeweiligen Pater, doch eine gründliche Nach- und Vorbereitung. Zugegeben, manchmal möchte er schon gerne wieder einmal radeln und bergsteigen, so richtig seine Kräfte messen. Doch erachtet er dies alles mit dem hl. Paulus „für Unrat, um Christus zu gewinnen und in ihm zu sein" (Phil 3,8f.).

Und die Familie? – Vater und Mutter haben seine Entscheidung von Anfang an nicht nur akzeptiert, sondern auch mitgetragen. Vor knapp vier Wochen haben sie ihn mit den Geschwistern besucht, zum erstenmal seit seinem Eintritt; von jetzt ab aber dürfen sie in jedem Jahr für insgesamt zwei Tage kommen. Das Kloster innerhalb der Mauern und auch seine Zelle durfte er nur dem Vater und dem Bruder zeigen; Frauen, selbst der Mutter und den Schwestern, ist der Zutritt verboten, mit ihnen aber konnte er im Gästehaus zusammen sein. Bruder F., der Gastbruder, verwöhnte sie mit allem, was eine fleischlose Kartäuserküche zu bieten hat. Es waren zwei schöne Tage! In einem jüngsten Brief zeigten sich alle tief beeindruckt.

Der Himmel meinte es heute nachmittag nicht gut mit uns. Als wir vor vier Stunden zum Spaziergang aufbrachen, tröpfelte es. Noch hatten wir den Wald im Osten des Klosters nicht erreicht, verdichteten sich die Tropfen zu einem alles durchdringenden Landregen. Ein kräftiger Regenschauer geht gerade hernieder, als wir um 17.20 Uhr an der Klosterpforte ankommen. Für mich ist es, als weine der Himmel zum Abschied. P. Stephan umarmt mich als einen Bruder in Christus, Fr. Benedikt, Fr. Ludger und Martin schließen sich an. Als Dank für den Nachmittag verspreche ich ein Foto, nur eines von vieren, die ich von der Gruppe gemacht habe. „Das dürfen Sie gerne", kommentiert Fr. Benedikt mit trockenem Humor, „aber wir werden es verbrennen müssen!" Ein letzter Gruß noch, und die vier wenden sich der Klosterpforte zu, um wenig später schon hintereinander, ganz in der Ordnung des Kreuzgangs, in das Labyrinth der weiten Flure und Gänge zu verschwinden. Zum Ausruhen bleibt ihnen wenig Zeit: In zehn Minuten bereits wird die Glocke zum Gebet rufen, und aufs neue in einer Viertelstunde. Und der Tag wird seinen Rhythmus wiedergefunden haben, den von gestern und vorgestern, ja, den vor 900 Jahren.

Fünfzehn Monate später verbringe ich meinen Jahresurlaub in der Nähe der „Marienau". Wenn ich nicht gerade die das Kloster umgebenden Wälder durchwandere, sitze ich vor der St.-Annen-Kapelle an der Südwestecke der weitläufigen Klostermauer, im Schatten hochgewachsener Tannen, und lese, meditiere und träume, ganz im Rhythmus des von Kirchturmuhr und Glocke markierten Kartäusertages. Die Zeit scheint seit meinem letzten Besuch stillgestanden zu sein, nichts hat sich verändert. Der enge, vielfach gewundene Weg zum Kloster, der 100 Meter entfernt vor mir vorbeizieht, sieht gleichermaßen an Vor- wie Nachmittagen nur wenige Besucher. Obwohl Ferienzeit, beobachte ich in vier Wochen auch nicht die Spur von Rummel oder touristischer Betriebsamkeit. Aus Respekt vor den Mönchen und ihrer selbstgewählten Einsamkeit wohne ich nur gelegentlich der Konventmesse am Morgen und der Vesper am Abend bei, von der Empore aus versteht sich. Selten nur bin ich allein; außer Verwandten, Priestern und Ordensleuten, die auf der Durchreise kurz hereinschauen, und ab und an ein oder zwei Touristen teile ich jeweils im Zyklus von acht Tagen mit mehreren jungen Männern, mit sog. Aspiranten, die wenigen Bänke. Unter ihnen ein Berliner Abiturient, der gekommen ist, um einzutreten. Zwei Tage später entdecke ich ihn unten im rechten Patreschor, geschoren und im schwarzen Mantel des Postulanten. Sollte er sich berufen fühlen, wird er in drei Monaten um das weiße Ordensgewand bitten dürfen.

Hier auf der Empore auch treffe ich Martin wieder; P. Stephan hat ihn für vierzehn Tage eingeladen, weiter seine Berufung zu prüfen, diesmal nicht mehr nur im Gästetrakt über der Pforte, sondern in einer Zelle. Eigentlich wollte er vor einem Jahr schon eingetreten sein, nachdem er die Eltern für sein Kartäuserideal hatte gewinnen können. Mit 30–40 Broschüren über die „Marienau", der 50seitigen Informationsschrift über die Kartause, hatte er von Freunden und Bekannten bereits Abschied genommen, als eine Knochenvereiterung im Gesicht eine Operation notwendig machte. Seitdem plagen ihn unerträgliche Kopfschmerzen, die nur mit stärksten Medikamenten zu lindern sind. Wie soll er sie interpretieren? Als ein Zeichen des Himmels, daß er *nicht*, vielleicht aber auch nur *noch* nicht berufen ist? Gott ruft – das zeigt die geistliche Erfahrung – meist diskret, durch Veranlagung und Neigung, durch körperliche und seelische Befindlichkeiten, durch Lebensumstände wie auch durch Begegnungen; in den seltensten Fällen nur packt er jemanden beim Schopf. Im Umgang mit Gott ist Geduld die größte Tugend. Wer nicht warten kann, wer nicht betend auf Gottes Stimme hinzuhören bereit ist, läuft Gefahr, seinen und nicht Gottes Willen zu verfolgen. Diesen Zusammenhang hat Martin klar erkannt. Daher auch wird er den Eintritt nicht mit Gewalt, d.h. gegen die momentanen Schmerzen, erzwingen, sondern sein Theologiestudium konsequent weiterführen, und zwar – wie von der Studienordnung vorgesehen – an einer Theologischen Fakultät außerhalb des bisherigen Studienortes.

Gleich beim ersten Besuch auf der Empore suchen meine Augen unten im Chorraum verständlicherweise nach Fr. Benedikt und Fr. Ludger. Sind sie noch da? Haben sie das Einsiedlerleben, das nach Dénis, dem Kartäuser, besonders in der ersten Zeit die Kräfte des Menschen übersteigt, in seinen Anfängen gemeistert? Als ersten entdecke ich unter den in die Kirche einziehenden Mönchen Fr. Benedikt, ganz am Ende folgt mit fliegendem Gewand – offenbar weil in einer abgelegenen Zelle zu Hause – Fr. Ludger. Beide tragen die weiße Kukulle ohne den schwarzen Novizenmantel, haben also in der Zwischenzeit die ersten zeitlichen Gelübde abgelegt, Versprechen, die sie für drei Jahre an das Kloster binden. Daß ich ihnen begegnen und mit ihnen sprechen darf, verdanke ich dem glücklichen Umstand, daß sie in diesen Wochen ihre Familien zum Jahresbesuch empfangen. Nach der Messe mit Eltern und Geschwistern in der Außenkapelle, bei der sie als Ministranten fungieren, treffe ich sie kurz im Gästegarten, zuerst Fr. Ludger, zwei Wochen später Fr. Benedikt. Aus Respekt vor den Angehörigen, für die jede Minute des Zusammenseins kostbar ist, beschränke ich mich in meinen Ansprachen auf die Frage nach der Veröffentlichung unseres Gespräches vor einem Jahr. Man zögert und äußert Bedenken, erklärt sich aber dann doch einverstanden, als man hört, daß P. Prior zugestimmt hat. Zudem war man ehemals selber dankbar für jede Information über den Orden.

P. Stephan feiert in diesen Tagen sein 25jähriges Priesterjubiläum. Die Geschwister, zwei Brüder und zwei Schwestern, und ehemalige Priesterkollegen sind angereist, um „mitzufeiern", d. h. nach kartusianischem Verstehen in einem festlichen Gottesdienst in der Außenkapelle dem Himmel zu danken und anschließend theologisierend zusammenzusitzen. Am Rande findet sich auch für mich Gelegenheit zu einem kurzen Gespräch. Es ist, als hätten wir unsere Unterhaltung vor fünfzehn Monaten nur kurz einmal unterbrochen. P. Stephan glüht wie ehedem, beim Stichwort „Noviziat" färbt die Begeisterung sein Gesicht gar rot: „Im Augenblick haben wir eine tolle Mannschaft, jugendhaft begeistert von einem hohen Ideal, kompromißlos bereit zu letzten Opfern, aber dennoch wach und kritisch wie gute Studenten in fortgeschrittenen Semestern, drei Jungprofessen, fünf Novizen – unter ihnen ein Doktor der Psychiatrie – und einen Postulanten; ein weiterer Postulant hat sich angesagt. Die Atmosphäre ist ausgezeichnet, voller Harmonie; jeder trägt jeden. Sie müßten die Gruppe einmal bei einer Konferenz erleben! Fragen Sie doch P. Prior!" Durch solche Rede ermutigt, frage ich noch am selben Tag, per Brief, um die Störung gering zu halten. Zwei Tage später halte ich die Antwort in Händen: Meine Bitte ist mehrmals mit roter Tinte durchgestrichen. Ich verstehe und akzeptiere die „Ohrfeige". Schließlich muß, wer sich zu weit auf fremdes Terrain vorwagt, damit rechnen, daß man ihn prügelt!

4. Ein dicker Brief

Der Prior einer französischen Kartause hatte mir spontan seinen Namen genannt, als ich ihn um einen Gesprächspartner in Sachen Kartäuserspiritualität bat. Ja, Pater A. war der richtige! Als Seelsorger der Brüdermönche war er genötigt, die Thematik immer wieder zu systematisieren. Außerdem hatte er sie in den letzten Jahren in einer umfangreichen hausinternen Untersuchung wie auch in mehreren Reflexionen und Meditationen bearbeitet, gründlich und fundiert, wie ich mich selber überzeugen konnte, verankert in den biblischen Schriften wie in der 2000jährigen Tradition der Kirche.

Nach der Vesper sitzen wir uns im Gästezimmer gegenüber, eine Stunde lang. Doch was ist eine Stunde für ein Gespräch über geistliche Erfahrungen von über 25 Jahren! Als wir uns verabschieden müssen, weil die Glocke zum Gebet ruft, verspricht er mir zu schreiben.

Fünf Monate muß ich warten. Dann aber bringt mir die Post einen dicken Brief:

Lieber Freund!
Bei Ihrem Besuch hier im Kloster versprach ich Ihnen, auf einige Ihrer Fragen schriftlich zu antworten. Ich will dieses Versprechen halten, obwohl mein Zögern seit Ihrer Abreise gewachsen ist. Mehr und mehr erscheint es mir problematisch, über gewisse Dinge zu sprechen, zumal wenn sie das Innere und unsere persönlichen Beziehungen mit Gott betreffen. Nicht, daß diese Dinge in sich schwierig wären! Nein, gerade im Gegenteil, weil sie so einfach sind, daß selbst unsere ehrlichsten und aufrichtigsten Worte sie zugrunde zu richten drohen! Nichtsdestotrotz will ich es versuchen!

1. Als erstes fragten Sie mich nach der *Gotteserfahrung* in der Kartause.

Sie unterstreichen – wie auch ehemals in unserem Gespräch – das Wort „Erfahrung“. Ich weiß, daß dieses Wort im Augenblick sehr „in Mode“ ist, auch in der geistlichen Welt. Ist es aus ihr auch kaum mehr zu entfernen, macht es mir aber gleichzeitig Angst, besonders wenn es in direkte Beziehung zu Gott gebracht wird. Denn ich habe den Eindruck, daß viele, die von Gotteserfahrung sprechen, nicht wissen, wovon sie reden. Nicht, daß ihnen die gute Absicht fehlte! Vielmehr übersehen sie, daß es nicht nur *eine* menschliche Erfahrung gibt, sondern ein sehr weites Feld von Erfahrungen verschiedenster Art, darunter auch religiöse Erfahrungen.

Im Bereich letzterer nimmt das Christentum insofern eine Sonderstellung ein, als es die Erfahrung Gottes an eine göttliche Offenbarung bindet. Hier ist es nicht die Erfahrung, die zu Gott führt, sondern es ist Gott, der sich zu erkennen gibt und sich erfahren läßt. Christlich-religiöse Erfahrung ist daher von jeder anderen, auch religiösen Erfahrung zu unterscheiden. Deutlich betont diese Bewegung von Gott zum Menschen hin die christliche Mystik, die man als Suche nach dem Absoluten auf dem Weg der Innerlichkeit definieren darf. Das klingt zwar nach menschlicher Aktivität, ist aber letztlich – wie die „Alten" es nennen – ein „pati divina", ein „Erleiden des Göttlichen". Diese Umschreibung macht deutlich, daß alle Initiative und alle Aktivität von Gott ausgeht; der Mensch kann nichts anderes tun, als sich in einer von Verlangen beseelten Passivität offenzuhalten und zu warten.

Nicht zufällig lesen wir am 6. Oktober, dem Namensfest unseres Ordensgründers Bruno, das Evangelium von den Knechten, die auf ihren Herrn warten (Lk 12, 35–40). Das Warten ist die tiefste und die kontemplativste Haltung, die wir unserem Gott gegenüber einnehmen können. Er kommt in einer Stunde, die wir nicht kennen, was sagen will, daß Gott absolut souverän und jedem menschlichen Zugriff entzogen ist.

Vielleicht verstehen Sie jetzt, warum ich Furcht empfinde, wenn ich das Stichwort „Gotteserfahrung" höre. Versucht man hier nicht Gott in dem einzuschließen, was wir von ihm empfinden können? Anders gesagt, bindet man Gott nicht an die persönlichen Gefühle und Erwartungen, die ihrerseits wiederum stark von der jeweiligen Situation abhängen können? Ja, ich glaube, daß im Augenblick eine große Zahl von denen, die die innere Erfahrung, die Erfahrung Gottes, suchen, letztlich danach suchen, Gott zu fühlen, sich seiner zu erfreuen. Aber ist das noch der wahre Gott? Ist das nicht vielmehr ein Götzenbild? Ein Gott nach Menschenmaß?

Immer ist es dieselbe Gefahr, die uns bedroht: Man zieht Gott auf die eigene Ebene herunter, auf die persönliche Gefühls- und Verstehensebene.

Wenn Sie mich jetzt danach fragen, was Kartäuser von Gott sagen können, glaube ich, daß es vor allem dieses ist: Es sind nicht so sehr wir, die Gott erfahren, vielmehr ist ER es, der uns seine Gegenwart oder aber auch seine Ferne spüren läßt. Immer ist ER der erste! ER prüft uns durch die Einsamkeit, durch das Schweigen, besonders aber durch die Dauer. Gewiß, der Kartäuser kann manchmal eine Gotteserfahrung machen in der Art der festen inneren Überzeugung, daß Gott ihm nahe ist. Aber sehr schnell lernt er, bei solcher Erfahrung äußerst vorsichtig zu sein, sich nicht zu sehr an sie zu binden, sie nicht um ihrer selbst willen zu suchen. Er lernt bzw. muß lernen, daß Gott mit dieser Erfahrung nicht identisch ist, sondern sich hinter ihr verborgen hält, unsichtbar und viel größer als sie. Er muß lernen, daß die einzige Haltung Gott gegenüber die der Treue ist, einer Treue, die nicht müde wird, die sich niemals endgültig entmutigen läßt. Er muß lernen, sich bereit zu halten wie „der Knecht, der seinen Herrn erwartet", ohne die Stunde zu kennen, in der ER kommt.

Dieses Warten erscheint mir manchmal als die fundamentalste Prüfung unseres Lebens. Es ist relativ leicht und für viele sehr entspannend, eine begrenzte Zeit in der Einsamkeit zuzubringen und von Zeit zu Zeit in sie zurückzukehren, um sich selbst, die Tiefe der Seele und der absoluten Unendlichkeit Gottes zu finden. Viel schwieriger dagegen ist es, in dieser Einsamkeit demütig und treu auszuhalten, selbst wenn man zusehen muß, wie sich die innere Landschaft der Seele während langer Jahre ganz und gar nicht zu verändern, ja manchmal gar zu trüben scheint.

Und dennoch glaube ich fest daran, daß sich Gott zu diesem Preis eines Tages in seiner Wahrheit entdecken lassen wird. Sie werden mir sagen, daß diese Perspektive von großer Härte ist. Das stimmt, aber sie erscheint mir als die einzig mögliche! Gott ist nicht, kann nicht und will auch nicht reine und leichte Freude in diesem Leben sein! Die Prüfung, den Schmerz, das Leiden, die alle nicht gut in sich sind und auch kein Ziel in sich haben, gebraucht ER, um uns über uns hinauszuführen. Nach göttlichem Plan sollen sie uns helfen, uns von uns selber zu befreien. Im Glauben macht man daher die Erfahrung Gottes ebenso gut, wenn das Leiden uns anfällt, wie wenn die Freude uns überströmt; ebenso gut, wenn ER ferne zu sein und zu schweigen scheint, wie wenn ER seine Gegenwart fühlen läßt. Erst im Rückblick erkennt man oft, daß Gott auch in den Augenblicken der Prüfung anwesend war.

Wenn ich noch einmal zusammenfassen darf, was ich auszudrücken versuchte, würde ich dieses sagen: Der Kartäuser, der treu seiner Berufung lebt, macht eine Erfahrung Gottes. Doch ist diese die meiste Zeit eine Erfahrung in der Dunkelheit des Glaubens. Das Gefühl der Nähe Gottes fehlt ihm zwar nicht beständig, doch darf er dieses Gefühl nicht um seiner selbst willen suchen, wenn er nicht riskieren will, mehr sich selbst als Gott zu suchen. Gott ist ihm nah auch jenseits dieses Gefühls. Hier, jenseits des Gefühls auch, soll er sich für ein Treffen bereit halten, und zwar ganz in der Haltung der Erwartung.

2. Sie fragen nach meinem *Gottesbild.*

Ich gestehe, daß ich selten das Bedürfnis verspürte und auch selten versucht habe, mir Gott vorzustellen. Immer bin ich sehr beeindruckt gewesen von dem, was der hl. Johannes sagt: „Niemand hat Gott je gesehen. Der Einzige, der Gott ist und am Herzen des Vaters ruht, hat uns Kunde gebracht" (Joh 1,18). Und: „Wer mich gesehen hat, hat den Vater gesehen" (Joh 14,9).

Für mich enthalten diese beiden Worte das Wesentliche der Offenbarung. Sie finden sich angezeigt und vorbereitet im Alten Testament – zum einen im Bilderverbot, zum anderen in der Warnung, daß sterben muß, wer Gott sieht. (Ich bin schon immer von der Bibel angezogen worden, seit meiner frühen Jugend, und ich glaube, daß dieses Hingezogensein entscheidend zu meiner monastischen und kontemplativen Berufung beigetragen hat.) Gott ist für mich der heilige NAME Gottes selbst, ein Name, der unendlich viele Nuancen und Konsonanzen ausdrückt, ohne ein Bild oder eine genaue materielle Form hervorzurufen. Dieser NAME ist unendlich in seiner Höhe, Tiefe und Weite und füllt alles aus, ja übertrifft alles. Mich erfüllt er mit einem unendlichen Vertrauen. In jedem Menschenleben gibt es Schattenzonen, deren Sinn und Bedeutung man nicht immer versteht, die zu akzeptieren oft schwerfällt, mit denen man sich manchmal fast schicksalhaft und mehr oder weniger bewußt verbündet. In solchen Augenblicken sieht man nicht mehr klar in sich, man fühlt sich schuldig, man verliert das Vertrauen. Dann wage ich nicht, mich selbst zu beurteilen; ich habe Angst vor dem Urteil anderer, aber es bleibt mir der Rekurs auf Gott, den Einzigen, der klar in mir sieht, den Einzigen, der mich richtig zu beurteilen vermag, der in seiner Hand das kleinste Quentchen an Gutem schwerer wiegen läßt als viele schlechte Akte. ER allein hält mich aufrecht, ER allein gibt mir Vertrauen, ein Vertrauen, das in dem Maße gewachsen ist, in dem sich die anderen Hilfen als Täuschungen erwiesen; ein solches Vertrauen, daß ich mich manchmal frage, ob es nicht vermessen ist. Aber der Gedanke, daß Gott da ist, wenn alles in mir und um mich herum auseinanderzubrechen und zu verschwinden scheint, stärkt immer wieder aufs neue mein Vertrauen. Ich kann nichts anderes sagen als dieses: In dem Maße als alles unsicherer und bewegter zu werden scheint, ist Gott da wie der einzige stabile und feste Punkt inmitten einer immensen Wanderdüne; wie eine letzte starke Präsenz, von der ich nichts zu fürchten habe, weil sie über allem steht. Gott ist die einzige Gewißheit, *die* Sicherheit meines Lebens.

Und Jesus? Welchen Einfluß hat er auf diese Beziehung mit Gott? Im Vorausgehenden war oft die Rede vom Absoluten, von Bildlosigkeit, von Unanschaulichkeit usw. Ist dieser Gott nicht eine Chimäre? Eine reine Abstraktion? Ein nüchternes Gedankengebilde? Ich gestehe, daß hier eine reelle Gefahr besteht, in einen seelenlosen Intellektualismus zu verfallen, dem jeder persönliche Charakter fehlt. Aber kam Jesus nicht gerade deshalb, um uns vor dieser Gefahr zu bewahren? Denn ER ist die Vermenschlichung alles dessen, was man in Gott entdecken kann. ER löst das göttliche Geheimnis nicht auf, bringt es uns aber unendlich nah. Nah nicht in dem Sinne, daß wir Gott nun besser verstehen würden, sondern nah in der Bedeutung von größerer Intimität. In und durch Jesus treten wir in eine neue Beziehung mit Gott ein. In und durch Jesus wird es uns leichter zu akzeptieren, daß wir Sünder sind, hat ER uns doch erlöst, ohne uns zu demütigen. In Jesus ist uns der Beweis in die Hand gegeben, daß Gott auch angesichts unserer Sündhaftigkeit nicht ein Gott des Zornes, sondern des Erbarmens ist.

Gott ist für mich – und damit will ich diese Frage abschließen – die einzige Wirklichkeit, die niemals täuscht. Deshalb fühle ich mich IHM gegenüber immer völlig sicher, nicht aufgrund persönlicher Werte, die es fast nicht gibt, sondern wegen seiner selbst.

3. Indem ich dies schreibe, habe ich Angst, mißverstanden zu werden. Denn dadurch, daß ich mich kurz zu fassen versuche, könnte das Gesagte von der Realität des Alltags entfernt erscheinen, als unrealisierbar in dem Kontext eines „normalen" Lebens draußen in der Welt. Dazu muß man aber wissen, daß für uns die gewöhnlichen Tage – sieht man von der Eucharistiefeier und den Offizien ab – ebenso gewöhnlich sind wie anderswo, zusammengesetzt aus vielen kleinen Beschäftigungen, die – nimmt man sie für sich – nicht immer die Mühe wert sind, die dennoch den Tag, das Jahr, das Leben ausmachen.

Doch erscheint mir das nicht im Widerspruch mit dem, was ich schon gesagt habe und noch sagen werde. Die Gottsuche und die Gottfindung müssen sich in der Realität des Alltags vollziehen. Kein Geringerer als Newman hat gesagt: ‚Wer Gott nicht im Auf und Ab des Lebens findet, wo wird er ihn dann finden?' Diese tägliche Realität ist für alle Menschen grundlegend dieselbe, obwohl äußerlich unsere Lebensbedingungen manchmal sehr zu differieren scheinen. Zwischen dem Tag eines steinreichen Generaldirektors, eines Gefangenen in einem totalitären Regime und dem eines Einsiedlermönches scheint es enorme Unterschiede zu geben. Und dennoch, wenn alle drei sich – ausgehend von ihrer konkreten Situation – im

Grunde ihres Herzens Gott zuwenden, treffen sie sich im Herzen Gottes und entdecken, daß sie alle drei Träger eines Stückchens des Kreuzes Christi sind. Heute ist mein Teil schwerer, morgen wird es der des anderen sein, übermorgen der des dritten. Der Differenzen gibt es nicht viele. Sie treten hervor, sobald wir Gott verlassen; in Gott aber lösen sie sich auf und verschmelzen zu einer Einheit.

Doch sprechen wir jetzt, wie von Ihnen gewünscht, vom Sinn und Wert des *Gebetes!*

Diesen Sinn und diesen Wert darf man unsererseits nicht suchen; denn man würde sich auf einen Weg des Zweifels und der Entmutigung begeben. Wenn dem Gebet Sinn und Wert zukommen, können sie ihm einzig nur von Gott her zukommen.

Wir glauben, daß Gott der Absolute, der Vater der ganzen Schöpfung ist. Als Schöpfer ist er ihr nicht nur im Wechsel von Abwesenheit und Anwesenheit, von Kommen und Gehen gegenwärtig, sondern absolut und ununterbrochen – in jedem Teilchen, besonders intensiv in der geistigen und bewußten Kreatur.

Der so in allem Sein präsente Gott bittet seine Geschöpfe, doch auf seine Gegenwart zu antworten. Er bittet und zwingt nicht; er läßt die Möglichkeit einer negativen Antwort, die Freiheit der Verweigerung.

So glaube ich denn, daß man betet, sobald man froh und frei auf die Gegenwart Gottes reagiert – lobend und preisend, bittend und seufzend, liebend und vertrauend. Alles das ist Gebet, unendlich vielfältig in seinen Ausdrucksmöglichkeiten, immer anders und doch immer dasselbe – vom Menschen her besehen ein Murmeln, ein Stöhnen, ein Sichfreuen, ein Weinen, ein Sprechen oder ein Schweigen, für Gott einzig ein Akt der Liebe, Antwort auf seine stumme Bitte.

Muß man noch mehr über das Gebet sagen? Über Schwierigkeiten, Methoden, Formen? Alles das wird außerordentlich einfach, sobald man gläubig den heiligen Namen Gottes ausspricht. Mit dem Gebet ist es wie mit dem Glauben: Betet, betet ohne Unterlaß, wie der Apostel sagt, und ihr werdet erkennen, was das Gebet ist, wieviel Sinn, welchen Wert es hat! Erweckt einen Akt des Glaubens, und ihr werdet wissen, ob der Glaube eine vernünftige Haltung für den Menschen ist! Der Glaube wie das Gebet beweisen sich durch sich selbst, rechtfertigen sich durch sich selbst. Sie erweisen sich nicht von außen her, vielmehr tragen sie die Wahrheit einzig in sich selber. Das Gebet ist der erste Akt des Glaubens, der Glaube ist der Nährboden des Gebetes.

4. Wir kommen zu Ihrer Frage nach dem Sinn und Ziel von *Fasten* und *Nachtwachen*, von *Einsamkeit* und *Stille* im Leben der Kartäuser.

Die Richtung der Antwort zeigen Sie bereits selber an, wenn Sie von der Einsamkeit als *Weg* zu Gott sprechen. In der Tat befinden wir uns hier im Bereich der Mittel und damit im Bereich des Relativen. Durch das Wort „relativ" soll keinesfalls die Wichtigkeit unserer asketischen Übungen eingeschränkt werden, vielmehr will es anzeigen, daß sie alle nur in einem weiteren Kontext richtig zu verstehen sind und auch ihre Bedeutung erhalten. Mittel haben die Besonderheit, daß sie sich selten auf die gleiche Art und Weise allen in allen Situationen aufdrängen; sie erlauben, ja sie rufen gar nach einer gewissen Variation in der Anwendung. Jemand, der Jugendliche zu christlichem Engagement aufrufen will, wird nicht dieselben Mittel und Methoden gebrauchen wie ein anderer, der sich um Alte und Kranke kümmert.

Man darf sich also nicht wundern, wenn die Mönche ihre spezifischen Praktiken haben und wenn die Kartäuser unter ihnen noch diese oder jene Übung betonen, die bei anderen Orden vielleicht weniger deutlich hervortritt. Denn durch die Tatsache, daß wir versuchen, das Ziel der reinen Kontemplation und des unaufhörlichen Gebetes zu verfolgen, ganz auf der Linie der ersten ägyptischen und palästinischen Einsiedler, sind wir aufgerufen, spezifische Mittel anzuwenden, Mittel, die sich in anderen Kontexten weniger oder gar nicht nahelegen. Der Exklusivität unseres Lebensthemas, der Gottsuche, muß ein gewisser Radikalismus in der Wahl der Mittel entsprechen, ein

Radikalismus allerdings, der sich an dem Menschenmöglichen orientiert.

Diese Mittel übrigens haben nicht wir erfunden. In großem Maße stammen sie aus der Tradition und – wie z. B. das Fasten – aus dem Evangelium, zum Teil auch haben sie ihren Ursprung in weltlicher, selbst außerchristlicher Erfahrung und Weisheit.

Es scheint mir also, daß die relative Strenge unserer Askese zu unserem Ideal und zu unserem Ziel im rechten Verhältnis steht, daß sie sich nur vom Ziel her versteht. Wenn uns der Ruf Gottes ein wenig abseits der Welt führt (auch die Trennung von der Welt kann nur eine relative sein), ergibt sich aus dieser Tatsache eine gewisse Reserve gegenüber den weltlichen Mitteln. Es ist für den Menschen immer schwierig, und es kostet ihn zu allen Zeiten viel Kraft, sich für die geistig-geistlichen Werte und für Gott wachzuhalten. Besonders schwer fällt dies in einer Welt, die mehr und mehr die Spuren des Unglaubens und der Gottesabwesenheit an sich trägt, für die die Frage nach Gott nicht mehr oder nur wenig zählt, die sich auf sich selbst zurückzieht und den Menschen in sich einschließt. Ich glaube nicht, Pessimist zu sein, wahrhaftig nicht! Aber es fällt mir schwer, die Augen vor Gegebenheiten zu schließen, die laut hinausschreien, daß Gott in der Welt verleugnet wird. Werden in einer solch gottfernen Welt Einsamkeit und Schweigen nicht zu privilegierten (ich sage nicht einzigen) Mitteln der Bekehrung und der Wiederentdeckung Gottes? Tragen das Schweigen und die Einsamkeit nicht mehr als alles andere dazu bei, die Stimme Gottes zu hören, jene, die in der Schöpfung und in seiner Kirche spricht, aber auch jene, die nicht aufhört, im Grunde unseres Herzens zu rufen? Glauben Sie nur ja nicht, daß die Trennung von der Welt das einfache Ergebnis einer Täuschung ist! Sie resultiert vielmehr aus dem Wissen um die fundamentale Zweideutigkeit der Welt, um den tiefen Graben, der sich zwischen Gott und Mensch auftut.

Daß die Welt zu einem Teil in uns selber steckt, ist eine der ersten Entdeckungen, die man in der Einsamkeit machen kann. Es gibt im Menschen tatsächlich eine gewisse, für das Licht undurchdringliche Schicht, die es ‚aufzureißen' gilt, wenn Gott einkehren soll. Das ganze Arsenal unserer Mittel, d.h. unserer asketischen Praktiken und Übungen, steht im Dienst dieser ‚Bekehrung'. Sie sollen Gott ermöglichen, in uns zu bleiben, uns zugleich helfen, bei IHM auszuhalten.

Hier noch ein spezielles Wort zur Einsamkeit! Man kann Gott zweifellos überall dort finden, wo ER Spuren hinterlassen hat, in der Schöpfung wie auch in der Offenbarung, der des Alten wie des Neuen Testamentes. Doch ist es nicht irgendwie logisch, ihn dort zu suchen, wo er uns am nächsten ist, d.h. in uns selber? Und das um so mehr, als Jesus uns die Kunde von dieser intimen Gegenwart gebracht hat (vgl. Joh 15 und 17)? Sie werden mir vorhalten, daß diese Suche, die so ganz auf uns konzentriert und für andere verschlossen ist, leicht egoistisch wird. Nein, das *kann* nicht sein, wenn man Gott wirklich findet! Gott und Ichbezogenheit schließen sich aus, und zwar gänzlich. Dort, wo es Gott und seine Gnade gibt, gibt es notwendig auch die Liebe, die Öffnung auf den anderen hin. Auf dieser Ebene stehen sich Einsamkeit und Gemeinschaft nicht mehr entgegen, sondern schließen sich ein; die Einsamkeit wird zu einer Form der Gemeinschaft, zu einem Weg der Liebe. „Wo die Liebe ist, dort ist Gott!" Aber die Umkehrung ist nicht weniger wahr: „Wo Gott ist, ist die Liebe!" Denn Gott ist die Liebe, und der Mensch, in dem ER wohnt, wird selbst Liebe. Doch verwechseln wir nicht Liebe mit einem gewissen sozialen Gefühl! Der einzige Akt der Liebe, der in der Lage war, die Welt zu retten, vollendete sich am Kreuz in einem Augenblick der absoluten Verlassenheit und Einsamkeit. Können unsere Einsamkeit und unser Schweigen nicht auch ein Liebesakt für alle sein? Ich glaube es fest, anderenfalls könnte ich hier nicht bleiben.

Das soll als Antwort genügen! Wichtig ist, daß ich niemals eine Distanz gespürt habe zwischen der Einsamkeit und dem Gebot der Nächstenliebe. Immer deutlicher erkenne ich beider Verbindung, eine Verbindung, die sich für mich aus der Tatsache ergibt, daß das Besondere und das Allgemeine, der Einzelne und die Gemeinschaft, die Einsamkeit und die Vereinigung nur die beiden absolut notwendigen Pole ein und derselben Wirklichkeit sind, die Gott heißt. Wenn wir mit Hilfe der Gnade und der traditionell erprobten Mittel wie der asketischen Übungen unsere individuellen Grenzen ein wenig übersteigen, gelangen wir zur fundamentalen Vereinigung mit IHM, die mir Ziel eines jeden bewußten Menschenlebens zu sein scheint.

5. Ihre letzte Frage zielt auf den *Tod* in der Sicht eines Kartäusers.

Ich weiß nicht, ob die Kartäuser eine spezielle Sehweise vom Tod haben. Persönlich verläßt mich der Gedanke an den Tod nie. Nicht, daß er mir stets explizit bewußt wäre! Nein, er ist für mich etwas außerordentlich Wichtiges, gegenwärtig in allem, was ich bin und tue, wie ein Fundament. Der Tod ist eine unabwendbare Realität unseres ganzen Lebens; trotz seines Geheimnisses muß man ihm – soweit wie nur möglich – ins Gesicht schauen.

Ich denke immer, daß der Tod uns auf drei verschiedene Arten einholt; zwei von ihnen sind notwendig, die dritte dagegen hängt von der freien Zustimmung des Menschen ab. Die *erste* Art haftet allem geschaffenen Sein an. Dieser Tod ist in sich natürlich, für den Menschen wie für jede belebte Kreatur, besonders wenn er am Ende eines langen Lebens kommt. Dem heiteren Tod eines Greises haften eine natürliche Schönheit und Majestät an. Ein solcher Tod ereignet sich indessen ziemlich selten, denn fast immer trägt er – mehr oder weniger deutlich – die Spur eines *anderen* Todes an sich, der den Menschen angefallen hat, keineswegs zuerst in seiner Körperlichkeit, sondern in seiner geistigen Dimension als Kreatur, die gerufen ist, vor Gott, für Gott und mit Gott zu leben. Dieses Leben mit Gott ist durch die Sünde zerstört worden. Es ist schwierig, diese Sünde in ihrer Wurzel und in ihren Konsequenzen exakt zu definieren und zu sagen, bis zu welchem Punkte sie einen jeden von uns im Innersten seiner Seele berührt. Unleugbar aber scheint mir, daß sie überall gegenwärtig ist, daß sie die Welt lichtundurchlässig macht für das geistige und übernatürliche Licht und daß sie uns dem Einfluß der Gnade Gottes entzieht. Aus ihr folgt ein Tod – ein Tod, dem wir uns selbst ausliefern, wenn wir uns der Sünde hingeben und Gott mit einem kategorischen und wohlüberlegten Nein begegnen (was vielleicht ziemlich selten der Fall ist?).

Indessen, es ist uns die Möglichkeit gegeben, diese Sünde und den ihr anhaftenden und von ihr verursachten Tod zu besiegen, indem wir dem Bild des Gekreuzigten gleich werden. Es ist dies der *dritte* Tod, der Tod als Sieg über die Sünde. Diesen letzten Tod sterben wir, wenn wir mit Christus der Welt und dem alten Menschen sterben, damit der neue Mensch geboren wird, der nicht mehr psychisch, sondern geistig ist. Dieser Tod ist eine geistige, aber – und dies gilt es zu unterstreichen – wirkliche Antizipation des körperlichen, physischen Todes; denn er eröffnet uns bereits hier unten das Leben mit Gott. Sakramental in der Taufe vollzogen, muß er sich anschließend während des ganzen Lebens in einer dauernden Bekehrung bestätigen und intensivieren. Hier von Tod zu sprechen ist nicht eine einfache Übertreibung, geht es doch darum, daß wir real einem ganzen Teil unseres Selbst sterben, und ist doch dieser Tod mit den üblichen dramatischen Situationen, mit Ängsten und Agonien, verbunden. Johannes vom Kreuz spricht oft von diesem Tod im geistigen Sinne; in unserer Zeit wurde er bemerkenswert von Bernanos in den „Dialogen der Karmelitinnen" beschrieben.

Das Leben erscheint mir als ein kontinuierlicher Durchgang vom Tod, der seinen Ursprung in der Sünde hat, zum Tod als Sieg über die Sünde, der uns das Leben in Gott eröffnet. So befindet sich der Tod im Herzen selbst des Lebens, im Herzen eines jeden Tages und eines jeden Augenblicks. Mehr als ein Schicksal ist er eine Aufgabe – bis zu jenem Moment, in dem der leibliche Tod unsere Wünsche, unsere Schwächen und unseren Großmut, unsere Weigerungen und Zustimmungen, unseren Rückzug auf uns selber und unsere Treue zu Gott festschreibt. Der Tod ist ein integrierter Teil, eine der wichtigsten Komponenten des Lebens. So verstehen Sie, daß ich oft an ihn denke, daß ich mit ihm lebe – und das, seit ich mich kenne, lange bevor ich ins Kloster eingetreten bin. Ich halte es für ein schwerwiegendes Vergessen, nicht oft an den Tod zu denken. Was mich betrifft, könnte ich ohne ihn nicht leben. Doch glauben Sie nicht, daß er mein Leben verdunkelt. Im Gegenteil, er ist für mich jetzt schon ein Licht! Was ich hier sage, ist ein kleines Glaubensbekenntnis!

Lieber Freund,
ich glaube, Ihnen so gut wie nur möglich auf Ihre Fragen geantwortet zu haben. Sicherlich sind andere Sehweisen und andere Nuancierungen möglich, jeder hat seine persönlichen Akzente. Was ich versucht habe, hier zum Ausdruck zu bringen, bildet für mich den Grund, das Fundament der monastischen Berufung und des kontemplativen Lebens. Diese haben eine gewisse Fülle in sich selbst, schließen aber andere Wege nicht aus.

Freundschaftlich verbunden im Herrn!

Ein Kartäuser

5. Späte Berufung

Pater Gregor war Österreicher von Geburt. Daß man seinen Wiener Charme nicht sogleich wahrnahm, lag wohl an seiner äußeren Gestalt. Auf einem hochgewachsenen Körper saß ein zu kleiner runder Kopf mit großen bebrillten Augen und weit abstehenden Ohren. Das Gesicht war eingefallen und glich mit seinen Furchen und Runzeln in Tönung und Struktur einer vom Wind geformten Wüstenlandschaft; doch wie über jener fast ganztägig die Sonne steht, erstrahlte über ihm ein stilles, nach innen gerichtetes Lächeln. Was die Jahre an Haaren übriggelassen hatten, glänzte silbern. Den Eindruck bäuerlicher Plumpheit vollendeten schließlich riesige Füße, unter deren schweren Schritten der Holzboden der Zelle und auch der der Kirche aufstöhnten. Doch welch ein Geist verbarg sich hinter diesem wenig ansehnlichen Äußeren! Im Gespräch blitzten die Augen; aus dem allzu breiten Mund perlten in wienerischem Dialekt Sätze voller Esprit, zuweilen aber auch, wenn persönliche Erfahrungen eher zu helfen versprachen, nur ins Wort gehobene eigene Schwierigkeiten. So z. B. am Abend eines Freitags mit seinem Fasten bei Wasser und Brot: „Letzte Nacht nach der Matutin träumte ich von einem riesigen Wiener Schnitzel. Als ich voller Genuß hineinbeißen wollte, bin ich aufgewacht. Ist das nicht teuflisch?" Ein andermal, als der Nebel den ganzen Tag über bis tief in den Garten hing, so daß man nicht einmal die zehn Meter entfernte Mauer des Kreuzganges sehen konnte: „Solches Wetter bedrückt die Seele. An Nebeltagen fällt das Beten schwerer. Und auch die Last der Einsamkeit empfindet man stärker. Wenn man darum weiß, kann man Schwierigkeiten richtiger bewerten."

Eine Geschichte, die den ganzen Humor von P. Gregor zeigt, erzählt man sich in der Valsainte bis heute: Es war im Sommer. Die Patres hatten beim wöchentlichen Spaziergang einen der umliegenden Berge erstiegen, langsam und ohne auf die Zeit zu achten. Oben angekommen, genoß man den Blick ins Tal, doch nur bis zu jenem Augenblick, als der die Gruppe anführende Vikar entdeckte, daß er seine Taschenuhr vergessen hatte. Wie spät war es? Reichte die Zeit noch, um pünktlich zur Vesper zurückzukehren? In dieser allgemeinen Ratlosigkeit begann P. Gregor mit sichtlich vergnügtem Gesicht in der weiten Tasche seines Habits zu kramen. Was er endlich mit großer Sorgfalt ans Tageslicht förderte und die Confratres in lautes Lachen ausbrechen ließ, war ein alter, vorsintflutlicher Wecker, den der Prior ihm als zusätzliche Weckhilfe in der Nacht zugestanden hatte.

Ehe P. Gregor als etwa 45jähriger in die Kartause von Vedana nahe Venedig eintrat, lebte und wirkte er als Jesuit. Seine Karriere war steil nach oben verlaufen: Zweifach doktoriert in Philosophie und Theologie und perfekt in einem halben Dutzend Sprachen, dozierte er zuletzt – nach seiner Vertreibung aus China, wo er als Missionar gearbeitet hatte – in Neapel Dogmatik.

Die Wissenschaft sollte ihn auch in der Kartause einholen. Als ich ihm zehn Jahre nach seinem Eintritt in der schweizerischen Kartause begegne, obliegt ihm die philosophische und theologische Ausbildung der Novizen. „P. Gregor war ein ausgezeichneter Lehrer!" faßt Dom Dominique, der heutige Novizenmeister von La Valsainte, unser Gespräch zusammen, und er muß es wissen, hat er ihn doch jahrelang für jeweils zwei Stunden in der Woche aufgesucht und sich von ihm in die Philosophie und Theologie einführen lassen. „Seine Geduld war grenzenlos. Er wurde nicht müde, schwierige Sachverhalte immer wieder neu zu erklären. Recht ungehalten nur konnte er reagieren, wenn man theologische Aussagen stärker als nur theoretisch anzweifelte. Obwohl hochgebildet, unterstellte er sich in einer bewundernswerten Kindlichkeit der Kirche und ihrem Lehramt. Er war ein tieffrommer Mönch." Dom Dominique überläßt mir für einen Nachmittag ein von P. Gregor redigiertes Manuskript über Einleitungsfragen der Bibelwissenschaft. Es umfaßt nur ein paar Dutzend Seiten, von denen aber jede für sich so straff gegliedert ist, daß sie die Grundlage für einen zweistündigen Vortrag abgibt. An den mit verschiedenen Buntstiften eingetragenen Erweiterungen ist noch gut zu beobachten, wie die einzelnen Kapitel von Novizengeneration zu Novizengeneration gewachsen sind. P. Gregor hat sorgfältig gearbeitet. Mit einer Fülle von Stellen aus dem Alten und Neuen Testament stützte er seine Thesen ab, wichtige Textbelege notierte er sorgfältig in den hebräischen und griechischen Ursprachen zwischen den Zeilen oder am Rand und erläuterte sie mehrsprachig, in Latein, Französisch oder Deutsch, letzteres meist in Kürzeln einer hausgemachten Kurzschrift, deren Entzifferung mehr Mühe macht als die der griechischen und hebräischen Einfügungen.

Handwerklich war er – wie er selber eingestand – wenig geschickt, und auch als Gärtner taugte er nicht viel. In der Hauptsache begnügte er sich damit, das notwendige Brennholz für den Winter zu bereiten und den Garten umzugraben.

Wenn ich ihn mit Erlaubnis von P. Prior am Abend in seiner Zelle am Ende des mittleren Kreuzgangs, in Zelle Y, besuchte, saß er – den Kopf auf die Rechte gestützt – am Fenstertisch und las in der Bibel. Die Bibel war ihm das liebste Buch; kein Besuch, ohne daß er mir konkrete Tips und Verstehenshilfen gab!

– Welche Motive bewegten einen Mann wie ihn, auf dem Gipfel einer steilen Karriere, die Welt zu verlassen und sich in die Kartause zurückzuziehen? – Die Frage hat man ihm offenbar schon oft gestellt; denn er antwortet, ohne sich lange bedenken zu müssen, mit breit lächelndem Mund:

– „Gott ruft auf verschiedene Weise, und Gott ruft ein Leben lang. Ich habe die Einsamkeit schon als kleiner Junge geliebt, den Weg in sie aber erst spät gefunden. Manchmal bedauere ich dies, manchmal bin ich auch froh darüber. Weil ich viele Jahre lang wenig Zeit für Gebet und Meditation hatte, weiß ich heute die Einsamkeit der Kartause um so mehr zu schätzen."

– „Wäre es aber nicht wichtig, daß sich ein Mensch mit Ihren Qualifikationen in der Welt aktiviert?"

– „Meine Oberen des Jesuitenordens und viele Freunde gaben mir dieses Argument auch zu bedenken. Ich habe es lange mit mir herumgetragen, bis mir nach Monaten des Überlegens klar wurde, daß ich diesen Schritt guten Gewissens tun durfte. Wer argumentiert, daß ein Mensch, der sich ins Kloster zurückzieht, seine Kraft der Welt vorenthält, übersieht oder unterschätzt die Wirkkraft des Gebetes. Sie zu beweisen, wird uns zwar nicht gelingen; im Glauben und aus der Glaubenserfahrung jedoch wissen wir, daß unsere Gebete keine Monologe sind, die ziellos ins Weltall hinausgehen und dort wirkungslos verpuffen, sondern auf Gott treffen, der uns als Du gegenübersteht. Wir dürfen gewiß sein, daß jeder unserer Seufzer, den wir in Richtung Gott ausstoßen, gehört wird und Wirkung hat. So gesehen, ist nicht mehr das Wie meines Dienstes für Gott entscheidend, sondern das Daß. Daß ich mit ganzer Kraft arbeite, wenn ich an der Missionsfront stehe; daß ich mit ganzer Kraft bete und opfere, wenn ich verborgen in der Kartause lebe."

– „Der Trappist Thomas Merton, die Karmelitin Edith Stein und viele andere in beschaulichen Orden versuchten und versuchen auch heute noch, durch geistliche und wissenschaftliche Veröffentlichungen auf die Welt einzuwirken, und das offenbar nicht ohne Erfolg, wenn man die Nachfrage nach ihren Büchern bedenkt. Sind nicht auch Sie gefordert, sich wenigstens auf diesem Weg, also indirekt, zu aktivieren?"

– „Im Kartäuserorden gab es zu allen Zeiten bis in die Gegenwart hinein Mitbrüder und Mitschwestern, die sich schriftstellerisch betätigen. Das ist sicherlich eine gute Sache, an der ich mich aber nicht beteiligen möchte. Ich bin in die Kartause eingetreten, um in größtmöglicher Verborgenheit und ohne jeden Druck von außen im Gespräch mit Gott zu leben. Nichts soll dieses Gespräch stören, kein Termin, keine Eitelkeit, kein Erfolg und keine Enttäuschung. Die Kartause schenkt mir eine Einsamkeit, die ich sonst nirgendwo auf der Welt finden kann; diese Einsamkeit will ich so gut wie nur möglich nutzen. Als Kartäuser ging ich in die ‚Wüste', d. h. für mich in die Unbedeutsamkeit. Hier, in einem für mich wichtigen Punkt, möchte ich nur einfach konsequent sein!"

*

Drei Jahre sind seit meinem letzten Besuch in der Valsainte vergangen, das Studium und damit verbundene Praktika in den Ferien haben mich immer wieder zurückgehalten. Als ich endlich am Mittwochnachmittag der Pfingstwoche an der Pforte läute, möchte ich nur an der Vesper teilnehmen und – wenn möglich – P. Gregor „Guten Tag" sagen. Zu mehr reicht die Zeit nicht, zu mehr auch wage ich erst gar nicht um Erlaubnis zu bitten. Denn die Besuchsbestimmungen sind streng, und das nicht nur auf dem Papier. Touristen, die sich diese so fremde Welt einer Kartause einmal aus der Nähe anzusehen wünschen, warnt bereits weit unten im Tal, dort, wo die schmale Straße in Richtung Kloster von der Hauptstraße abzweigt, ein großes Schild in Französisch und Deutsch: „Die Kartause La Valsainte kann nicht besichtigt werden." Wer den Aufstieg von fünf Kilometern dennoch auf sich nimmt in der leisen Hoffnung, daß die Ankündigung im Tal vor Ort vielleicht weniger streng gehandhabt werden könnte, wird enttäuscht. Freundlich, aber bestimmt schüttelt Br. Marcel den Kopf und schließt das Guckfensterchen in der Pfortentür, bis auf wenige Ausnahmen.

Eine erste dieser Ausnahmen an diesem Nachmittag bin ich. Die Klostertür öffnet sich, weil Br. Marcel sich meiner erinnert. Eine zweite ist eine Gruppe von etwa einem Dutzend grobgeschnittener Männer um die Sechzig. Es sind, wie ich später erfahre, Bauern aus einem kleinen Bergdorf, die Pater Beda, einen ehemaligen Klassenkameraden, besuchen. Während der Vesper werden sie von der Empore aus – aufgeregt tuschelnd und gestikulierend – in den beiden Reihen weißer Gestalten unten im Chor „ihren" Pater suchen. Obwohl die Entfernung nur etwa 20 Meter beträgt, fällt die Identifizierung aufgrund des Halbdunkels, in das die Kirche an diesem Nachmittag eingetaucht ist, nicht leicht. Erst als die Mönche nach den feststehenden Einleitungsgesängen zum Psalmengesang nach und nach die Lampen über ihren Köpfen anzünden, schafft es endlich einer, nachdem er sich in seinem Eifer weit über die Holzbrüstung der Empore hinausgelehnt hat. Noch eine Minute peinlicher Aufregung, bis auch der letzte Dom Beda erkannt hat, dann zieht man – offenbar wenig beeindruckt von dem monotonen Gesang unten in der Kirche – frühzeitig mit schweren, auf dem Holzboden der Empore dumpf widerhallenden und den Mönchsgesang erstickenden Schritten davon. Nach diesem Kurzauftritt beginne ich zu begreifen, warum Br. Marcel, der Pförtner, seine weiche Seele angesichts der Bitte von Besuchern um Einlaß in das Kloster panzern muß, will er nicht durch eine falsche Großzügigkeit die Mönche und ihre Aufgabe des beschaulichen Lob-, Dank- und Bittgebetes gefährden.

Als ich nach der Vesper zur Pforte zurückkehre, erfahre ich zu meiner Überraschung, daß ich P. Gregor sprechen darf; Pater Prior hat es erlaubt, weil besondere Umstände gegeben sind. Welcher Art diese Umstände sind, erläutert mir Br. Marcel mit niedergeschlagener Stimme: P. Gregor ist vor einiger Zeit im Kantonsspital zu Fribourg am Magen operiert worden. Der bösartige Befund zwingt die Ärzte, soll überhaupt noch eine Chance gegeben sein, vier Fünftel des Magens zu entfernen. Abgemagert und äußerst schwach kehrt er nach dreimonatigem Klinikaufenthalt in die Kartause zurück, wo er sich im Gästetrakt, nahe der Brüderkapelle, nach und nach so weit erholt, daß er von Zeit zu Zeit die Eucharistie feiern kann, allerdings nur in Konzelebration mit einem anderen Pater, was ihm erlaubt, während des größten Teils der Messe sitzen zu bleiben. Doch die Kräftigung ist nur von kurzer Dauer. Obwohl er wegen des verkleinerten Magens alle zwei bis drei Stunden eine kleine Mahlzeit zu sich nimmt, wird er zusehends schwächer. Nun schon seit vierzehn Tagen hat er das Bett nicht mehr verlassen.

Br. Marcel führt mich über den Innenhof zu dem Hauptgebäude hinüber, in dem die Gästezimmer für Exerzitanten, Aspiranten und männliche Verwandte untergebracht sind. Über eine breite, teilweise ausgetretene Sandsteintreppe gelangen wir in den zweiten Stock und stoßen direkt auf Zimmer Nr. 2, das Krankenzimmer. Seine Nähe zu den Brüderzellen ermöglicht eine intensive Pflege, seine unmittelbare Nachbarschaft zur Kirche verbindet geistig mit der betenden Klostergemeinschaft. Br. Marcel klopft leise an, horcht und läßt mich eintreten. Da die sich öffnende Tür den Blick auf das Krankenbett verdeckt, irren meine Augen zunächst suchend in dem großen, mit antiken Möbeln ausgestalteten Zimmer umher, bis sie endlich in der letzten Ecke, links hinter der Tür, den Kranken entdecken. Ist es tatsächlich Pater Gregor? Es vergehen lange Sekunden, bis ich endlich in dem blassen, zusammengefallenen Gesicht bekannte Züge erkenne – den breiten Mund, die großen Augen, die abstehenden Ohren und vor allem das vertraute Lächeln. Bewegt trete ich ans Bett und ergreife die mir entgegengestreckten Hände; die Kehle ist mir zugeschnürt, mit den Freunden des alttestamentlichen Ijob möchte ich weinen und klagen (Ijob 1,12f.). Es ist endlich Pater Gregor, der das lautlose Sprechen der Hände unterbricht: „Man hat mir Ihren Besuch angekündigt ... Ich freue mich, Sie wiederzusehen ... !" Und obwohl ihm das Sprechen schwerfällt, erkundigt er sich genau nach meinem Woher und Wohin, nach dem Fortgang des Studiums, nach meinen Zukunftsplänen. Aber dann ist die Kraft auch schon erschöpft. Müde, aber immer noch mit dem typisch breiten Lächeln um den Mund, verabschiedet er mich mit Sätzen, die seitdem immer wieder in mir laut werden: „Das Sterben ist eine schwere Sache ..., viel schwerer, als ich es mir vorgestellt habe ... Helfen Sie mir beten, daß ich die Geduld bis zum Ende bewahre ..."

Monate nach meinem Besuch teilt mir ein Brief aus der Valsainte mit, daß P. Gregor Ende Juni „in eine bessere Welt abgereist ist". Bis zum Ende hin hat ihn die Angst vor dem Tod nicht verlassen und ihn zuweilen ungeduldig reagieren lassen. Gestorben ist er schließlich im Spital, Einzelheiten sind nicht bekannt.

Um das Kartäusersterben ranken sich viele Greuelmärchen wie dieses, man schlafe in der Kartause im eigenen Sarg, oder jenes, man grabe jeden Tag am eigenen Grab. Wahr an all dem ist allein eine nüchterne Sicht des Todes, die uns Heutige allerdings um so mehr schockiert, als wir dem Tod und allem, was mit ihm auch nur entfernt zusammenhängt, in weitem Bogen aus dem Wege gehen und ihn dort, wo wir uns ihm nicht mehr entziehen können, mit übertriebenem Pomp umkleiden, um seine Unansehnlichkeit zu mildern. So werden die Särge zu feinst ausgeschlagenen Luxuskabinen, möglichst aus massiver Eiche, am Grabe selbst warten die Leichenträger mit dem Hinablassen des Sarges in die Grube schicklich, bis sich die Angehörigen entfernt haben, um ihnen diesen schmerzlichsten Akt des Abschieds zu ersparen. In all dem sind die Kartäuser ehrlicher. Nicht, daß der Tod sie weniger tief anrührte! Wie er Jesus bei seinem Freund Lazarus die Tränen in die Augen treibt (Joh 11,35), bewirkt er auch in der Kartause Trauer und Schmerz und Tränen. Doch ist er hier nicht nur der grausame Gesell. Im konsequenten Glauben an die persönliche Auferstehung erkennt man in ihm zugleich auch den Boten Gottes, der nun endlich die Tür zu dem Ziel aufschließt, dem man ein Leben lang in oft dramatischem Kampf mit Geist und Fleisch zustrebte. Zurück bleibt nach dem Erlöschen des Lebens nur eine vergängliche Hülle, Staub vom Staub. Nach alter Kartäusertradition wird sie im weißen Mönchsgewand auf eine einfache Brettunterlage gebettet und befestigt; die über der Brust zusammengelegten Hände versteckt man in den weiten Ärmeln der Kutte, über den auf einem Kissen aufruhenden Kopf zieht man bis zur Brust hinunter die Kapuze, so daß der ganze Körper verhüllt ist. Nach drei Tagen der Trauer und des Gebetes wird der Tote in feierlichem Zug unter dem Geläut der Glocken aus der Kirche, wo er inmitten der betenden Klostergemeinde aufgebahrt lag, zum nahen Klosterfriedhof hinausgetragen. Soweit Verwandte und Bekannte angereist sind, dürfen wegen der strengen Klausur nur die männlichen an der Zeremonie teilnehmen. Begleitet vom Psalmengebet der Mönche, wird der Leichnam ins Grab hinabgesenkt und sogleich, noch in Gegenwart der Trauergemeinde, mit der ausgeworfenen Erde bedeckt. Wenn in wenigen Wochen wiederum Rasen das schmale Viereck des Grabes überzieht, wird nur ein einfaches namenloses Holzkreuz den Besucher daran erinnern, daß hier ein Mensch auf die Auferstehung wartet. Sein Name ist – und allein darauf kommt es an – eingetragen bei Gott, allerdings auch, um dem Gesetz zu genügen, in einem klostereigenen Friedhofsplan, den der Vikar verwaltet. Im Glauben daran, daß einer von ihnen sein Ziel erreicht hat, unterbrechen die Mönche am Tage der Beerdigung ihr Fasten und nehmen ihre Mahlzeit gemeinsam im Speisesaal ein: Denn größer als die Trauer über den Abschied ist in der Kartause die Freude über die Ankunft, über die Ankunft des Toten bei Gott.

Als ich nach fast zwanzig Jahren am Rande des Klosterfriedhofs inmitten des Kreuzgangs stehe, schneit es, obwohl der Mai seinem Ende entgegengeht. Der Nebel hängt tief, so tief, daß die Konturen der grauen Dächer verschwimmen und sich nach oben hin aufzulösen scheinen. Es ist ein düsterer, unfreundlicher Tag, von dem Dom Gregor ehemals sagte, daß er aufs Gemüt drücke und die Einsamkeit schwerer mache. Wie recht er hatte! In den langgezogenen Kreuzgängen, deren Helle und Weite an Sonnentagen die Seele höher schlagen lassen, ließ mich eben auf dem Weg zur Zelle Y die nasse Kälte frösteln und meinen Schritt beschleunigen, erweckte in mir das durch den Nebel graugetönte, kalte Licht Gefühle des Verlassen- und Verlorenseins. Zelle Y war, wie aus einer an der Tür befestigten Wäscheliste zu ersehen, bewohnt, ein Besuch im Innern daher nicht möglich. Am äußeren Bild hatte sich in den anderthalb Jahrzehnten meiner Abwesenheit nichts geändert; es kam mir vor, als kehrte ich an einen Ort zurück, den ich erst gestern verlassen hatte.

Das gleiche Bild auch im Krankenzimmer Nr. 2. Der runde Tisch mit den Polsterstühlen, die Kommode, der gußeiserne Ofen und endlich das Eisenbett – sie standen noch exakt dort, wo ich sie damals beim Besuch von Dom Gregor mit raschem Blick gleich einer Großaufnahme in mich aufgenommen hatte. – Einzig der Klosterfriedhof vor mir, für die Kartäuser jener Ort, wo man schon in die Ewigkeit sieht, ist gewachsen. Auf dem mit einer dünnen Schneedecke überzogenen Rasen, der mit den höchsten seiner Grashalme neugierig aus dem nassen Weiß herausschaut, erheben sich um ein hochaufragendes schmiedeeisernes Friedhofskreuz, auf drei Seiten von einer niedrigen Thujahecke umgeben, etwa vierzig bis fünfzig schwarze Holzkreuze, jedes für sich ein nur einfaches Konstrukt aus zwei schmalen Latten. Hier, unter einem von ihnen, vermutlich gleich vor mir in der vorderen Hälfte des Feldes, schläft Dom Gregor der Ewigkeit entgegen. Pater Prior, ein freundlicher Mensch, wollte für mich beim Vikar den Klosterplan einsehen – zu viele waren in den letzten Jahren gestorben, als daß er sich des Grabes von Dom Gregor noch erinnern konnte –, doch ich bat ihn davon abzusehen. Wie ich aus vielen Gesprächen wußte, hatte P. Gregor in der Kartause die Verborgenheit gesucht und seinerseits alles getan, um sie zu Lebzeiten zu wahren; diesen seinen Wunsch wollte ich respektieren. – „Requiescat in pace!"

Der Klosterfriedhof von „La Valsainte" mit Blick auf die Kirche und den Brüderbau

6. Ein „Clown“ des lieben Gottes

Als ich ihm erstmals begegnete, war er Gastbruder in der Kartause Hain; Gastbruder ist er immer noch, als ich ihn vor wenigen Jahren in der Kartause „Marienau“ wiedertreffe. Seitdem ist zwischen uns eine zarte Freundschaft gewachsen, eine Freundschaft, die nach kartusianischer Maßgabe des Je-weniger-Um-so-besser mit ein paar Zeilen im Jahr auskommen muß. Einzig im letzten Sommerurlaub habe ich sie durch ein Mehr strapaziert, einmal, weil ich Material über das Leben der Kartäuserbrüder, der in Beschreibungen gern Vergessenen, sammelte, dann aber auch, weil ich der Gegenwart des Freundes in einer von Problemen verdunkelten Stimmung bedurfte. Denn was ihn auszeichnet, ist eine heitere Seele, die auch dann zu lächeln vermag, wenn Sturm und Unwetter sie schütteln. Selber nennt er sich ein wenig abschätzig einen Clown des lieben Gottes. Dabei lacht er verschmitzt, um sogleich den Kopf zur Seite zu neigen und die Augen demütig niederzuschlagen – ganz so wie von schlechter Kunst mißhandelte Heilige. Der Frohsinn wurde ihm in gehöriger Portion in die Wiege gelegt. Schon als Kind lachte und spaßte er gern, und auch die Kartause hat ihn in diesem Punkte nicht verändert. Im Gegenteil, in ihrer Freiheit darf er über sich selber lachen, ohne sein Gesicht zu verlieren; hier darf er sich und seinem Temperament treu bleiben. Zu gefallen braucht er nur – und zwinkernd blicken die Augen nach oben –, und der liebt nichts mehr als die Echtheit.

Vier Wochen lang habe ich mich ihm zugemutet, allerdings – und dies sei zu meiner Ehrenrettung hinzugefügt – diskret und ohne Aufdringlichkeit, keineswegs als Gast des Klosters, sondern lediglich als Allgäutourist, der einzig um die Erlaubnis gebeten hatte, wenigstens morgens an der Konventmesse teilnehmen zu dürfen. Meist auf dem Rückweg von der Kirche zur Pforte fand sich die Gelegenheit zu einem kurzen Gespräch; vier- oder fünfmal nur ließen wir uns mehr Zeit, um meinen Berg von Fragen wenigstens so weit abzutragen, daß die Welt des Brudermönches erkennbar wurde.

Als ich am Nachmittag eines heißen Julitages im schwäbischen Oberallgäu ankomme, führt mich mein Weg als erstes in die Kartause. Natürlich ist Br. Franziskus da! Ich finde ihn auf der Wiese zwischen Gästekapelle und Klosterkirche, wie er gerade damit beschäftigt ist, inmitten einer summenden, hin und her wogenden „Bienenwolke“ – nur im Gesicht durch ein feinmaschiges Netz geschützt – mit blanken Händen den Bienenstökken die mit Honig gefüllten Waben zu entnehmen, ganz ruhig und sicher, so als gäbe es die mit Gift und Schmerz gefüllten Stacheln nicht. Aus respektvoller Entfernung schaue ich zu; auch wenn ich dem alttestamentlichen Schreiber Jesus Sirach (2. Jh. v. Chr.) durchaus nicht zustimmen kann, daß „die Biene unter den geflügelten Tieren unansehnlich ist“ (Sir 11, 3), halten mich Erlebnisse aus der Kindheit doch auf Distanz. Endlich dann können wir uns begrüßen und einen ersten Plausch abhalten, über die „Kartäuser-Bienen“ natürlich.

Br. Franziskus begeistert sich: Die Kunst, mit ihnen umzugehen, hat er bei seinem alten Heimatpastor gelernt, lange vor seinem Eintritt in die Kartause. In Hain mit seiner langen Lindenallee konnte er einen wunderbaren Lindenblütenhonig ernten, und zwar reichlich. Hier, in der „Marienau“, sind die Bedingungen um einiges härter, vor allem das Klima ist rauher. Ein alter Förster aus der Umgebung hatte ihn gleich nach dem Umzug gewarnt, daß er Mut und Geduld aufbringen müsse, wenn er Erfolg haben wolle. Beides wollte er gerne investieren, und so probierte er es mit 20 Bienenvölkern – mit dem Ergebnis: Aus dem Lindenblütenhonig von ehemals ist ein Löwenzahnhonig geworden, den die Bienen im Frühling auf den goldgelben Wiesen um die Kartause herum einsammeln. In guten Jahren konnte er tatsächlich bis zu 15 Zentner von einzigartiger Qualität verbuchen, in schlechten dagegen – er wagt es nicht auszusprechen – kein einziges Pfund. Den Gedanken, das „Geschäft“ doch aufzugeben, weil Aufwand und Kosten in keinem Verhältnis zum Gewinn stehen, verwirft er spätestens immer dann, wenn er einen der zahlreichen Wohltäter des Klosters wenigstens mit einem Glas Honig beschenken kann. Gar nicht zu reden von der Freude, die er vielen Mitbrüdern macht! Neuerdings darf er ihnen ein Glas überlassen, als Brotaufstrich am Abend oder auch, um den Tee zu süßen. Für den Verkauf an der Pforte reicht der Ertrag leider nicht; dabei könnte die an Einnahmen arme Kartause diese Finanzquelle gut gebrauchen.

Gleich am ersten Vormittag nutzen wir die Gelegenheit. Die Zeit ist günstig, weil Br. Franziskus in diesen Tagen Bruder Th., den ein Berg von Flickarbeit in die Schneiderei zwingt, an der Pforte vertreten muß. Hier aber ist es gerade am Morgen meist totenstill, so daß sich leicht eine Stunde für ein Gespräch abzwacken läßt. In einem Kurzprotokoll halte ich fest, was mir an Informationen zum Thema „Kartäuserbruder" wichtig erscheint:

– Im Augenblick zählt die Marienau 16 Brüder, von denen der älteste 80, der jüngste 30 Jahre alt ist. Zusammen nehmen sie rund 20 verschiedene Tätigkeiten wahr, d.h. konkret, daß viele für wenigstens zwei Bereiche verantwortlich sind; über Langeweile kann keiner klagen. Und ruht im Winter die Arbeit im Garten, im Bauhandwerk, in der Malerei, gibt es genügend im umliegenden Wald zu tun; denn Holz, meist Tanne und Fichte, ist eine der wichtigsten Einnahmequellen der „Marienau"; man verkauft es an die Papierindustrie.

– Das Verhältnis zwischen Patres und Brüdern ist gut, ja man darf sagen herzlich; einen Unterschied spürt man nicht. Jeder weiß, daß er nur im Zusammen und Miteinander seine spezifische Berufung leben kann, und so schätzt jeder jeden. Wenn Differenzierung, dann findet man sie am ehesten bei den Besuchern. Für sie sind die Mönchszellen das Interessante und Geheimnisvolle an einer Kartause, und so ist schon einmal die Bemerkung zu hören: „Ach, Sie sind nur Bruder!"

– Der Kontakt zwischen Patres und Brüdern ist nicht nur ein stummer, begrenzt auf das schweigende Nebeneinander in Kirche, Refektorium und Kapitelsaal. Mehrmals im Jahr trifft man sich zur gemeinsamen Rekreation im Klostergarten und während längerer Spaziergänge. Hier, im persönlichen Gespräch zu zweit, kommt man sich nah – menschlich und religiös.

– Im Leben des Brudermönches hat die Handarbeit zwar einen wichtigen Stellenwert, doch kommen Gebet und Betrachtung keineswegs zu kurz. Hilfen und Anregungen findet der einzelne vielerorts: in aktuellen Zeitschriften, in einer reichhaltigen Klosterbibliothek, in regelmäßigen Predigten und Vorträgen am Sonntag und natürlich im Gespräch mit dem Beichtvater und Seelenführer. Ein Mehr an Angebot wäre zu viel.

– Grundsätzlich gelten für die Brüder die gleichen äußeren Bedingungen wie für die Patres, Unterschiede gibt es nur im Detail: Wie jene führt man ein Leben in Einsamkeit und Schweigen, nicht aus Verdruß an und mit den Menschen, sondern um Platz für Gott zu schaffen. Wie jene unterbricht man die Nachtruhe, um in der Kirche zum Gebet zusammenzukommen. Wie jene fastet man, es sei denn, das Mehr an Handarbeit läßt um Dispens bitten.

– Gotteserfahrung im Leben eines Brudermönches heißt jeden Tag ja sagen; das große Erlebnis gibt es nicht bzw. höchst selten. Im Ersten Johannes-Brief heißt es: „Niemand hat Gott je geschaut. Wenn wir einander lieben, bleibt Gott in uns ..." (1 Joh 4, 12). Die Liebe ist auch *der* Weg der Gotteserfahrung in der Kartause. Möglichkeiten, sie zu praktizieren, gibt es tausendfach – im konkreten Umgang mit den Mitbrüdern, dann aber auch im vertrauensvollen Gebet für die Welt.

Hier unterbricht Br. Franziskus unser Gespräch, denn vom Parkplatz her nähert sich ein Ehepaar mit Tochter. Man kennt sich, wie ich bald erfahren soll, und das nicht von ungefähr: Vor fünf Wochen wurde der Sohn eingekleidet. Wenige Tage vorher durfte man ihn noch einmal besuchen, um von ihm für die Dauer eines Jahres Abschied zu nehmen: Damit er in der Stille des Noviziates, ganz ungestört von allen äußeren, auch familiären Eindrücken, seine Berufung prüfen kann! Dann aber wird man ihn regelmäßig jedes Jahr für zwei Tage sehen und sprechen dürfen. – Was sagt die Familie zu der Entscheidung des Sohnes? Sie akzeptiert sie, obwohl sie ihn lieber in ihrer Nähe gehabt hätte. Sie wird ihn stützen, wenn nötig; sie wird ihn aber auch zur Rückkehr ermuntern, wenn er erkennen sollte, daß die Kartause nicht der ihm von Gott zugedachte Weg ist. Heute ist man nur vorbeigekommen, um für ihn an der Pforte ein paar Blumen für sein Gärtchen abzugeben. Auch hat die Mutter und Autorin eines Vollkornbackbuches in der leisen Hoffnung, daß P. Prior ihn annehmen wird, Vollkornkuchen für den ganzen Konvent gebacken. Mutterliebe ist erfinderisch, sie überwindet selbst die höchsten Klostermauern.

Als ich mich eine halbe Stunde nach unserem Gespräch auf den Heimweg mache, finde ich Vater, Mutter und Tochter am Zufahrtsweg zur Kartause beim Picknick; in ihrem Blickwinkel liegt das Pfortengebäude. Irgendwo dahinter, in einer der 24 Zellen am Großen Kreuzgang, nur 200 Meter entfernt, nimmt der Sohn zur gleichen Zeit sein Mittagessen ein, allein, schweigend und nicht wissend, daß seine Lieben ihm so nahe sind. Nur der Glaube vermag solchen Verzicht richtig zu bewerten, der Ungläubige dagegen wird verständnislos den Kopf schütteln.

Auf dem Rückweg von der Empore der Klosterkirche zur Pforte treffe ich Br. Franziskus in seiner kleinen Gästeküche an. Er ist eben dabei, das Frühstück für einen holländischen Aspiranten zu richten, der für acht Tage angereist ist, um seine Berufung zu prüfen. Das Interesse an der Kartause hat mit Beginn der 80er Jahre wieder zugenommen, Anfragen gehen nicht nur aus deutschsprachigen Ländern ein. Viele von ihnen erledigen sich bereits mit der Zusendung der „Marienau"-Broschüre; bleibt aber immer noch ein Rest von 40 bis 50, in denen man darum bittet, für einige Tage vorbeikommen und sich die kartusianische Welt aus der Nähe anschauen zu dürfen, weil man nicht weiß, ob man Beruf hat oder einer spleenigen Idee aufsitzt. Tatsächlich klärt sich für viele die Frage durch einen Besuch „vor Ort". Nicht, daß die Kartause für die Zweifelnden ein besonderes Programm bereithielte! Was sie ihnen bietet, und zwar in Fülle, ist das ihr Wesentliche, Einsamkeit und Stille, unterbrochen einzig durch das gemeinsame Gebet mit den Mönchen in der Kirche, an dem man teilnehmen kann, wenn auch nur von der Empore aus, durch einen gelegentlichen Spaziergang in der Umgebung und durch ein Gespräch mit dem Novizenmeister. Demjenigen, der dann immer noch ernsthaft seinen Eintritt erwägt, gibt das Kloster Gelegenheit zu einem weiteren Besuch: damit er sich, sofern er Kreuzgangsmönch werden will, in einer Zelle prüfe, dort also, wo er leben wird, wenn er eintritt. Nach einem Jahrzehnt der Stagnation steigt die Zahl der Postulanten in den letzten Jahren wieder, erfreulicherweise in den meisten der 24 bestehenden Kartausen. Doch besagt ein Eintritt noch recht wenig, am Ende zählt nur, wer nach sieben Jahren die Ewigen Gelübde ablegt. Und das tut erfahrungsgemäß von zehn Postulanten nur ein einziger.

Doch ist der holländische Aspirant in diesen Tagen nicht der einzige Gast, welcher der Fürsorge von Br. Franziskus anvertraut ist. Gestern nachmittag kam die Familie von Frater L. angereist, die Eltern und sechs Geschwister. Ihnen wie allen Angehörigen der Mönche erlauben die Statuten nur einen Besuch von zwei Tagen im Jahr (6. 9.). Wohnen werden sie während dieser Zeit in einem eigenen Gästetrakt, einem großen

Wohnzimmer und drei Schlafzimmern mit insgesamt sieben Betten. Obwohl zusammen mit der Pforte im gleichen Gebäude untergebracht, liegt er dennoch gegen allen Anschein außerhalb der Klausur; denn zugänglich ist er nur von außen, nachdem man einen durch hohe Mauern geschützten Garten durchquert hat. Um auch Frauen die Teilnahme an der Messe zu ermöglichen, ist dem Wohnkomplex eine kleine Kapelle angebaut. – Hier, in einer kartusianisch einfachen, aber recht intimen Umgebung kann die Familie mit „ihrem" Pater oder Bruder – von den Gebetszeiten abgesehen – ungestört zusammen sein, ganz wie zu Hause. Bevorzugte Besuchsmonate sind Juli und August. In diesen Wochen löst eine Gruppe die andere ab, nach einem exakten Plan versteht sich, damit es zu keinen Überschneidungen kommt, was bei 35 Mönchen nicht ganz einfach zu organisieren ist. Zu Problemen kommt es dennoch nicht, weil allein die Angehörigen der jüngeren Patres und Brüder die Besuchsmöglichkeit von zwei Tagen voll ausschöpfen. Die Zahl der Besucher wird kleiner und die Dauer der Besuche kürzer, wenn die Eltern tot sind und die Geschwister ihren Weg gefunden haben. Bei vielen älteren Mönchen schaut nur noch gelegentlich jemand herein, bei einzelnen, die keine Angehörigen mehr haben, gar niemand mehr. Den Besuch von Freunden verbieten die Statuten zwar nicht, empfehlen aber, ihn zu meiden (6.9.). Und so meidet man ihn weitgehend; nur selten einmal, daß ein persönlicher Freund aus alten Tagen anklopft.

Aspiranten und Angehörige und – nicht zu vergessen – die vielen Wohltäter, die auf einen Sprung vorbeischauen, machen insgesamt mehrere hundert Gäste im Jahr aus. Um jeden einzelnen von ihnen bemüht Br. Franziskus sich mit dem Eifer der Marta aus dem Evangelium des Lukas (Lk 10,38–40). Zweifellos schenken ihm diese Kontakte und Begegnungen viel Kraft, fordern von ihm aber auch höchste Anstrengung; denn als er vor mehr als 30 Jahren Kartäuser wurde, hat er die Stille und Einsamkeit gesucht, in der Funktion des Gastbruders jedoch holt ihn die Welt ein. Am Anfang war diese Gratwanderung zwischen Kloster und Welt nicht unproblematisch, inzwischen aber weiß er der Gefahr des Absturzes zu begegnen. Wie? – Einfach dadurch, daß er jeden Tag für mehrere Stunden „wegtaucht" in jene Welt der Stille und Einsamkeit, die seine Berufung ist. Besonders wertvoll sind ihm die Stunden während des Nachtoffiziums in der halbdunklen Kirche. Zwar hätte er die Möglichkeit, mit den Patres mitzusingen oder die Texte auf deutsch still mitzubeten; statt dessen aber liebt er es, die Kapuze tief übers Gesicht zu ziehen und zu meditieren, d.h. im stummen Gespräch mit Gott zu besprechen, was ihn bewegt, was Besucher ihm an Sorgen anvertraut haben, wofür er zu beten versprach. – Eine ausgezeichnete Zeit der Einkehr ist natürlich der Winter, wenn der Besucherstrom dünner fließt. In der Stille seiner Zelle kann die Seele dann auftanken und neue Substanz gewinnen. Denn der Frohsinn des Clowns ist ihr nur zur Hälfte angeboren, die andere Hälfte will erbetet sein.

Heute morgen überraschte mich Br. Franziskus, wie ich im ersten der beiden Sprechzimmer betrachtend vor einer Luftaufnahme von der alten Kartause Hain stand. Vor einigen Wochen noch war ich dort gewesen, um nach Resten Ausschau zu halten, doch mit wenig Erfolg. Nach einer einstündigen Irrfahrt durch ein von Parkplätzen, Schuppen und Industrieläger übersätes Gelände östlich des Düsseldorfer Flughafens Lohausen gab ich meine Suche auf; hier hatte selbst eine lebendige Phantasie keine Chance mehr. Etwas mehr Glück dagegen habe ich in Unterrath, jenem Vorort von Düsseldorf, zu dem Hain ehemals gehörte. Passanten, die ich befrage, verweisen spontan auf die Kartäuserstraße, auf eine Wandplastik des hl. Bruno an einer der Post benachbarten Hausfassade und schließlich auf die Pfarrkirche St. Bruno mit einer hölzernen Brunostatue über dem rechten Seitenaltar. Bei nicht wenigen älteren Frauen und Männern überzieht ein frohes Lächeln das Gesicht, als sie das Stichwort „Kartäuser" hören. Die Mönche haben vielen in der Stadt und der Umgebung geholfen – zuerst in den 30er Jahren, als sie unter dem Druck des Naziregimes eine Suppenküche einrichten mußten, um so, durch eine karitative Aktion, dem Vorwurf der Nutzlosigkeit und damit der Auflösung zu begegnen; dann vor allem nach dem Krieg, als sie ganze Prozessionen von

Hungernden mit Lebensmitteln beschenkten. Nein, die Erinnerung an die Kartäuser ist selbst nach einem Vierteljahrhundert in Unterrath noch nicht tot. Man bedauert ihren Weggang, versteht ihn aber nur zu gut: „Hören Sie selber" – und die Stimme der älteren Dame, meiner Gesprächspartnerin, kämpft gegen das Aufheulen einer landenden Düsenmaschine an –, „hier ist kein Platz mehr für Mönche, die in der Stille Gott suchen!"

Br. Franziskus nickt. Als er 27jährig 1954 in Hain eintritt, denkt man noch nicht an Umzug; noch kann man damals mit dem Lärm des nahen Flughafens leben. Bis sich die Entwicklung Ende der 50er Jahre dann zu überschlagen beginnt. Ganz allmählich wird es zur Gewißheit, daß man die Flucht wird ergreifen müssen, wenn die Kartäuserberufung nicht ernstlich gefährdet werden soll. Nach langer Suche endlich findet der Orden dieses Gelände hier im Allgäu; 1962 beginnt man mit dem Neubau, 1964 ist es so weit, daß man umziehen kann. Zwei Jahre lang hat man sich auf diesen „Tag", der von Mai bis November dauert, vorbereitet. Was mitgenommen werden sollte, wurde in Kisten verpackt; den Rest, wie z. B. das Chorgestühl, verschenkte man an Konvente der Umgebung. Die Toten auf dem Friedhof inmitten des Großen Kreuzgangs, 72 insgesamt, wurden in ihren Resten in Särgen gesammelt, in einem eigenen Transport nach der „Marienau" übergeführt und dort in Anwesenheit des ganzen Konvents in einem feierlichen Begräbnis in einem Massengrab vor dem Friedhofskreuz beigesetzt. Patres und Brüder reisten teils mit Freunden und Bekannten in Privatautos, teils mit der Bahn an. Als letzte verließen der Prior, Bruder K. und Br. Franziskus das Kloster, aber erst, nachdem es gesprengt war. Br. Franziskus erinnert sich noch gut an diesen 22. November 1964; es war ein düsterer, neblig-nasser Tag. Das Sprengkommando begann mit dem Großen Kreuzgang und den Mönchszellen, zuletzt folgte die Klosterkirche. Als sie in sich zusammensank, war es, als würde das Herz auseinandergerissen. Hatten hier nicht viele Generationen von Mönchen Tag für Tag und Nacht für Nacht gebetet? In weniger als einer Minute gab es sie nicht mehr; das, was übriggeblieben war, wurde als Füllmaterial in eine nahe Kiesgrube transportiert.

Hat er nicht manchmal Heimweh nach Hain? – Br. Franziskus schüttelt den Kopf. Nein, er vermißt die alte Kartause nicht! Die Klostergebäude waren doch recht alt und düster und zuletzt auch, als man zu renovieren aufgehört hatte, ganz und gar unwohnlich! Und dann dieser Lärm der landenden und startenden Düsenmaschinen! Er erreichte gerade am Abend seinen Höhepunkt, wenn man sich in der Kartause zum erstenmal niederlegte. Wer konnte da schon ein- und durchschlafen! Die Flugzeuge sind den Mönchen zwar bis ins Allgäu gefolgt – an schönen Tagen ziehen kleine Sportmaschinen knatternd ihre Runden über der Kartause und immer wieder donnern Militärmaschinen im Tiefflug über sie hinweg –, doch ist ihr Lärm nicht mit dem zu vergleichen, den man am Ende in Hain ertragen mußte. Br. Franziskus mag die „Marienau". Sicherlich würde man sie heute anders bauen, vielleicht weniger weit, vielleicht etwas solider, vielleicht auch im Brüderteil ganz anders. Doch ist man hinterher nicht immer schlauer?

Beiläufig hatte ich Br. Franziskus nach der medizinischen Versorgung in der Kartause gefragt, als ich mit nicht geringem Erstaunen hören muß, daß ich in ihm, dem Gastbruder, dem stellvertretenden Pförtner und dem Bienenvater, auch noch den verantwortlichen Krankenbruder vor mir habe. Grundkenntnisse in der Krankenpflege hat er sich als Sanitäter im Krieg erworben, vertiefen konnte er sie nach seinem Eintritt in Hain, wo er Bruder N. zuerst assistierte, später dann nachfolgte; das war vor 30 Jahren. In einem Konvent von augenblicklich 35 Mönchen ist ein Krankenbruder nie arbeitslos, auch wenn es – wie im Moment – keinen bettlägerigen Kranken gibt: Bruder A. und W. haben offene Beine, welche jeden Morgen neu verbunden werden müssen; bei einigen älteren Mönchen heißt es aufzupassen, daß sie ihre Medikamente pünktlich einnehmen; abwechselnd plagt diesen eine Erkältung, jenen sein Rheuma. Vielen kann er mit einem Medikament aus der Klosterapotheke helfen, in Zweifelsfällen fragt er beim Arzt nach bzw. bittet ihn vorbeizuschauen. Besteht Verdacht auf eine ernstere Erkrankung, bringt man den Kranken zur Untersuchung in die ärztliche Praxis oder ins nächste Krankenhaus; denn die Kartause selber verfügt über keine medizinischen Apparate. Wenn irgendwie nur möglich, verbleibt der Kranke in seiner Zelle; allein wenn eine intensivere Pflege notwendig ist, wird er in eine der beiden Krankenzellen verlegt. Hier, etwas abseits vom Großen Kreuzgang, in einer nach Norden und Osten hin geschützten Südwestecke, findet er die größte Ruhe, viel Sonne und frische Luft vom nahen Tannenwald her, allerdings keinen Komfort, auch nicht den geringsten, der die Krankheit vielleicht etwas erleichtern könnte: ein Eisenbett, ein Tisch mit Stuhl, an den in 20 Jahren angegrauten Wänden ein Kreuz und zwei oder drei Heiligenbilder – die Einfachheit der beiden Krankenzimmer steht der der übrigen Mönchszellen in nichts nach, im Gegenteil, da nur selten bewohnt, wirkt sie sogar noch strenger. Was den Leib angeht, ist man in der Kartause bis zum Ende hin konsequent und zu keinen Zugeständnissen bereit, voller Phantasie dagegen, wenn es um die Seele geht. Damit der Kranke selbst vom Bett aus an der heiligen Messe, dem mönchischen Kraftquell schlechthin, teilnehmen kann, hat der Architekt zwischen die beiden Krankenzimmer eine kleine Kapelle eingefügt, auf deren Altar hin ein lukengroßes Fenster in der jeweiligen Breitseite den Blick freigibt. Zur Erinnerung an das Mitleiden Mariens bei der Passion ihres Sohnes hat man ihr den Namen „Compassionis Sanctae Beatae Mariae Virginis“ gegeben, eine stumme Einladung an den Kranken, sich in Gedanken dem kleinen Häuflein von Frauen unter dem Kreuz Jesu beizugesellen und sein Leiden in das große welterlösende Leiden von Golgota mit einzubringen. Damit der Krankenbruder jederzeit rasch zur Stelle sein kann, wohnt er gleich nebenan, im letzten der vier Zimmer, die das Krankenrevier ausmachen.

Bisher sind hier in den beiden Krankenzellen nur wenige Mönche gestorben, von 18 vielleicht vier oder fünf; die meisten haben ihr Ende in der eigenen Zelle erwartet, dort, wo sie gelebt, gebetet und gearbeitet haben. Es gab eine Zeit, da glaubte man, den alten Mönchen in der Weise einen Liebesdienst zu erweisen, daß man sie in einem „Kloster-Altenheim“ „sammelte“, um sie besser pflegen zu können; doch kam man bald schon wieder von dieser Praxis ab. Heute läßt man die Alten wie in einer Großfamilie mit ihren vielen Generationen in ihrem Stammkloster, inmitten der vertrauten Mönchsgemeinschaft – und die Erfahrungen sind gut.

Stirbt es sich leicht in der Kartause? – O nein, auch in der Kartause hat man Angst vor dem Tod! P. Johannes, ein tieffrommer Mönch, lag zwei Jahre lang in der Krankenzelle und hoffte bis zum Ende auf Heilung. Ebenso Br. Josef, der Gastbruder von Hain, der erfolglos an Magen- und Darmkrebs operiert worden war. Aus den kleinsten Anzeichen schöpfte er Hoffnung und Besserung. Daneben aber gab es auch solche, die mit Freuden in die Ewigkeit hinübergingen; sie fühlten sich am Ziel angekommen. Endlich würden sie Gott, dem sie sich ein Leben lang im Glauben entgegengestreckt hatten, von Angesicht zu Angesicht schauen dürfen.

Der erste Tote in der „Marienau" war P. Meinrad. Er starb 39jährig an einem Gehirntumor am 21. Mai 1965. Bischof Moser aus Rottenburg, der ihn als Studentenpfarrer betreute, erinnert sich eines Gesprächs, in dem der junge Student ihm sagte: „Ich will ein Leben, das sich total und radikal lohnt! Und ich will nichts anderes, ich will nichts, was Zugeständnisse mit sich bringt!" Zwanzig Jahre später sagt der Bischof bei einem Besuch in der „Marienau" den Mönchen in einer Predigt: „Er ist diesen Weg gleichsam in einem kurzen, dynamischen Flug gegangen. Und Gott hat ihn zu sich genommen. Wer dürfte oder könnte sagen, das wäre nichts gewesen? – Nein, das war ein erfülltes Leben!"

Wie alt wird man in der Kartause? Welches sind die häufigsten Todeskrankheiten? Wie verbreitet ist der Krebs? – Zur Antwortfindung überläßt Br. Franziskus mir ein Totenregister, das in fein säuberlicher Schrift Name, Alter, Mönchsjahre, Todeskrankheit aller Kartäuser verzeichnet, die von 1901 bis zum Umzug 1964 in Hain und von 1964 bis 1986 in der Kartause „Marienau" gestorben sind. Bruder W. hatte es angelegt und bis zu seinem Tode 1967 geführt, seitdem nimmt Br. Franziskus sich seiner an. Von dem, was es in vielen Zahlen und wenigen

Worten festhält, scheinen mir folgende drei Beobachtungen interessant:

– Im Zeitraum von 1901 bis 1986 zählt man in der deutschen Kartause (Hain und „Marienau“) insgesamt 88 Tote, 43 Patres und 45 Brüder. 52 der Mönche wurden über 70 Jahre alt (das sind 59%), vier gar über 90. Angesichts dieser Zahlen wird man kaum mehr auch nur vermuten dürfen, die asketische Lebensweise, konkret der Verzicht auf Fleisch, das wöchentliche Fasten bei Wasser und Brot am Freitag, das halbjährliche Fasten von Kreuzerhöhung (14. September) bis Ostern mit nur einer Mahlzeit am Tag und die tägliche Schlafunterbrechung um Mitternacht für 2–3 Stunden, schade der Gesundheit und sei nicht zu verantworten. Interessant gerade in diesem Zusammenhang ist, daß drei der über 90jährigen auf eine überlange Klosterzeit zurückschauen konnten: Der älteste Mönch, ein Bruder, stirbt 94jährig nach 68 Klosterjahren, ein anderer, ebenfalls ein Bruder, 93jährig nach 72 (!) Jahren der Klosterzugehörigkeit und ein dritter schließlich, ein Pater, 91jährig nach 52 Jahren in der Zelle.

– Neben Altersschwäche als der häufigsten Diagnose finden sich alle bekannten Todeskrankheiten verzeichnet; es fehlt auch nicht der Krebs in seinen verschiedenen Spielarten, der Magen-, Dickdarm-, Bauchspeicheldrüsen-, Blasen- und Leberkrebs sowie der Gehirntumor. Von 1901 bis 1986 starben insgesamt 13 Mönche an dieser heimtückischen Krankheit, der erste 1901, der letzte 1984. Die hohe Zahl erstaunt um so mehr, als man sich doch soweit wie möglich biologisch gesund ernährt, mit Gemüse und Obst aus dem eigenen Garten, der keinen Kunstdünger kennt, und ohne jedes Fleisch, an welchem sich die moderne Chemie bekanntlich besonders versucht.

– Und noch eine dritte interessante Einzelheit legt das Totenregister offen: daß einige Mönche, vor allem in der Zeit zwischen 1900 und 1930, bei ihrem Eintritt in die Kartause schon recht alt waren. Drei – um nur einige Beispiele zu nennen – traten erst mit 50 Jahren, zwei mit 53 Jahren, zwei mit 55 Jahren ein; ein Franzose gar stirbt 68jährig an Magenkrebs nach nur einem Jahr in der Kartause, d. h., er war erst mit 67 Jahren eingetreten. Heute handhabt der Orden in diesem Punkt eine strenge Praxis. Mit Hinweis auf Anpassungsschwierigkeiten betonen die Neuen Statuten, daß niemand mehr „ohne ausdrückliche Erlaubnis des Generalkapitels oder des Reverendus Pater nach vollendetem 45. Lebensjahr“ (8.4.) noch aufgenommen wird.

Zum Abschied lädt Br. Franziskus mich in seinen Zellengarten ein. Eigentlich ist es das Gärtchen der Krankenzelle Z, deren letztes Zimmer er in seiner Funktion als Krankenbruder bewohnt. Schade, daß nicht alle Brüder ein solches Eckchen zur

Verfügung haben, um sich dort nach ihrer Arbeit in den jeweiligen Obedienzen betend und meditierend zu erholen! Bedingt durch die Vielzahl seiner Beschäftigungen, vor allem jedoch aufgrund seiner Vorliebe für die unberührte Natur greift er in das natürliche Wachstum nur wenig ein, so daß sich ein kleines Paradies, in der Fachsprache der Biologen ein intaktes Biotop, entwickelt hat. Als wir aus der Tür hinaustreten, wird es lebendig in dem kleinen Geviert; die plötzliche Aufregung ist deutlich zu spüren. Gleich neben uns zur Linken recken zwei Schildkröten den Kopf in unsere Richtung und verharren unbeweglich. Auf dem Blatt einer Seerose, die mit einer Vielzahl anderer Wasserpflanzen den kleinen Teich in der rechten Ecke teilt, sitzt breitbeinig ein Jungfrosch und schaut uns ungeniert mit seinen großen Kulleraugen an. In dem undurchsichtigen Geäst 20jähriger Tannen und Lärchen hüpft aufgeregt zwitschernd ein Heer von Vögeln hin und her. Als Br. Franziskus – den Meisenruf nachahmend – die Hand ausstreckt, kommen – ich kann es kaum fassen – tatsächlich einige angeflogen, zaghaft zuerst bis zu einem nahen Zweig, dann – gleichsam allen Mut zusammennehmend – auf die ausgestreckte Hand, verweilen für eine Sekunde, picken die Erdnuß auf und fliegen wieder davon. Sie haben ihren Freund erkannt und lassen sich auch nicht durch seinen unbekannten Begleiter davon abhalten, die ausgelegten Leckerbissen zu stibitzen.

In dieser Atmosphäre paradiesischer Harmonie, in der sich Mensch und Tier – wie am Schöpfungsanfang – ohne Scheu begegnen, wage ich Br. Franziskus nach seinem „Berufungserlebnis“ zu fragen, nach jenem Anruf Gottes, der ihn bewog, in die Kartause einzutreten.

„Man hat mich schon oft nach meiner Berufung gefragt, ich glaube aber, daß ich noch nie eine befriedigende Antwort geben konnte, auch mir persönlich nicht. Berufung hat ihren Ursprung und ihr Ziel im unergründlichen Geheimnis der Liebe Gottes. Sie geschieht in der Regel nicht auf außergewöhnliche Weise, wie wir es oft im Alten Testament lesen, daß Gott den von ihm Erwählten direkt und mit klarem Auftrag anspricht. Häufiger, ja man kann sogar sagen meistens, ruft Gott in diskreten Zeichen und Ereignissen, wie auch bei mir!" Br. Franziskus spürt meine Skepsis; merkt, daß er mit dieser letzten Formulierung den entscheidenden Punkt angesprochen hat, der mich interessiert; daß er konkret werden muß, wenn ich ihn verstehen soll. Und er wird konkret. Bereitwillig erzählt er mir von jenen diskreten Zeichen und Ereignissen, in denen er Gottes Hand erkannte, die ihm den Weg in die Kartause zeigte. Nach einer Stunde verstehe ich ihn!

Viele Jahre war „Kloster" kein Thema für ihn, einfach deshalb, weil es in seinem Heimatdorf einen geistig Behinderten gab, von dem man sagte, daß er gut als Klosterbruder aufgehoben sei. Kloster – das war für ihn identisch mit „unbrauchbar und untauglich für die Welt". Gerade das aber war er nicht: Mit 24–25 Jahren hatte er eine sichere Position bei der Bahn, liebte es, mit seinem Motorrad auf Tour durch die große Welt zu gehen, hatte viele Freunde, mit denen er am Wochenende gerne bei einem Glas Wein zusammensaß. Nein, ein Kind von Traurigkeit, das sich im Weltschmerz verzehrte, war er bei Gott nicht! Und dennoch, obwohl er doch keinen Grund hatte, unzufrieden zu sein, bohrte und arbeitete es in ihm. Im nachhinein kann er wenigstens fünf Ereignisse ausmachen, die auf die Seele einwirkten und sie in ihrer Tiefe „aufrissen":

– Da war zunächst der frühe Tod der Mutter. Er war gerade acht, als sie starb. Als jüngstes von drei Kindern liebte sie ihn besonders, um so schmerzlicher empfand er ihren Verlust.

– Den 14jährigen beeindruckte aufs stärkste die Primiz eines Steyler Missionars im Dorf. Zum erstenmal brach damals die Sehnsucht in ihm auf, sich auch ganz Gott hinzugeben.

– Mit 17 gerät er in Frankreich in amerikanische Gefangenschaft. Eine harte Zeit, die ihn reifen läßt!

– Eine Pilgerfahrt nach Rom mit Besuch von Assisi – er ist damals 23 – vertieft das Gottesverlangen in ihm. Zurück, gleicht seine Seele einem brodelnden Vulkan. Seit dieser Zeit schätzt er Reinhold Schneider und Paul Claudel, zwei mehr als literarische Gegensätze. Jeder von beiden trifft ihn in einer ihm wesentlichen Seelenschicht: Mit Reinhold Schneider stöhnt er unter der Last der Glaubenszweifel auf, Paul Claudel dagegen, der Franzose, ermutigt und stärkt ihn mit seiner lichten Glaubensgewißheit.

– Zu einer schicksalhaften Begegnung kommt es vier Jahre später im Zuge einer Urlaubsvertretung im Schwarzwald. Der Sprache entzieht sich, was sie in der Tiefe in Gang setzt, in Worte lassen sich lediglich die äußeren Ereignisse fassen, doch sind diese dürftig genug: In dem Kurort, in dem er während dieser Zeit wohnt, erzählt man begeistert von einem weißen Mönch, der sich hier von seiner Gefangenschaft in Rußland erholt. Getrieben von der Neugier, zugleich aber auch von der Hoffnung, Hilfe in der Gottesfrage zu bekommen, sucht er ihn auf. Erstmals hört er von den Kartäusern, und ihm ist, als sei der Ruf Gottes lauter geworden. Auf seine briefliche Anfrage hin darf er zu einem Besuch in der Kartause Hain vorbeikommen. Am Donnerstag reist er an, am Samstag bereits will er wieder abreisen, nicht, weil er erkannt hätte, daß die Kartause nicht sein Platz ist, sondern weil er sich vor der Entscheidung drükken will. Auf Bitten des ihn betreuenden Paters hin, der die Situation durchschaut, bleibt er dann doch noch bis Sonntag, um an dessen Stillmesse teilzunehmen. Nach der Messe hat er sich entschieden: Er wird kommen – wenn und sobald der Vater es erlaubt; ohne den väterlichen Segen allerdings wird er den Schritt nicht wagen.

Wie befürchtet, bringt sein Vorhaben den Vater in Not. Vier Monate muß er warten, im August endlich kommt der ersehnte Brief: Nach hartem Ringen mit sich selbst sagt der Vater ja, da er spürt, daß Gott hier am Werk ist.

Der Rest ist rasch erzählt: Zwei gute Freunde lassen es sich nicht nehmen, ihm einen letzten Freundesdienst zu erweisen: Sie bringen ihn nach Düsseldorf in die Kartause. Als Tag des Eintritts hat er bewußt den Todestag von P. Maximilian Kolbe gewählt, dessen stellvertretender Tod im KZ Auschwitz ihn tief beeindruckte und immer noch beeindruckt. Es ist der 14. August 1954.

Inzwischen sind 33 Jahre vergangen. Wenn er zurückschaut, kann er sagen, daß er sich damals richtig entschieden hat. Schnell schon fand er seinen Weg. Um da keine Zweifel aufkommen zu lassen: Auch in der Kartause ist dieser Weg alles andere als eine planierte Teerstraße. Im Gegenteil, wie sagt Jesus seinen Zuhörern in der Bergpredigt: „Der Weg, der zum Leben führt, ist schmal!“ (Mt 7,14). Schmal meint hier nicht nur eng, sondern auch holprig, beschwerlich, voller Windungen und Krümmungen, zuweilen dunkel und steil. Doch solange man das Ziel im Herzen trägt, d. h. fest an es glaubt und sich durch nichts von ihm abbringen läßt, besteht keine Gefahr, daß man in die Irre geht, mag man auch schon einmal in einer Sackgasse enden oder ein Stück zurückgehen müssen. Dieses Ziel ist für ihn wie für jeden Kartäuser Gott, Gott allein. Ihm näherzukommen und sich so mit Ihm zu vereinen, daß nur noch Er in mir denkt, reagiert, atmet, ist das eine, Ihm in dieser Welt zur Herrschaft zu verhelfen, das andere Teilziel. Mögen andere davon überzeugt sein, daß beide nur durch höchste Aktivität zu verwirklichen sind, hält er es mit Reinhold Schneider, der 1936 in einem seiner Gedichte zum Ausdruck brachte, was bis heute – wenn auch unter verändertem Vorzeichen – seine Gültigkeit behalten hat:

Allein den Betern kann es noch gelingen,
Das Schwert ob unseren Häuptern aufzuhalten
Und diese Welt den richtenden Gewalten
Durch ein geheiligt Leben abzuringen.

Denn Täter werden nie den Himmel zwingen:
Was sie vereinen, wird sich wieder spalten,
Was sie erneuern, über Nacht veralten,
Und was sie stiften, Not und Unheil bringen.

Jetzt ist die Zeit, da sich das Heil verbirgt
Und Menschenhochmut auf dem Markte feiert,
Indem im Dom die Beter sich verhüllen.

Bis Gott aus unsern Opfern Segen wirkt
Und in den Tiefen, die kein Aug' entschleiert,
Die trocknen Brunnen sich mit Leben füllen*.

Seitdem Br. Franziskus sich selber mit abschätzigem Unterton in der Stimme und einer wegwerfenden Handbewegung einen

* Aus: Klassische deutsche Dichtung, Band 18, Freiburg 1969, S. 695 f.

Clown des lieben Gottes nannte, einen unwürdigen Kartäuser, wie er wenig später kommentierend hinzufügte, habe ich mit wachen Augen den Clown in der Literatur gesucht und viel Schönes über ihn gefunden. Besonders beeindruckt hat mich vor allem folgende jüdisch-rabbinische Erzählung:

Rabbi Baruka aus Chusa ging oft auf den Marktplatz von Lapet. Eines Tages erschien ihm dort der Prophet Elija, und Rabbi Baruka fragte ihn: „Gibt es unter all diesen Menschenmassen einen einzigen Menschen, der Anteil an der kommenden Welt haben wird?" Elija antwortete: „Es gibt keinen!" Später jedoch kamen zwei Menschen auf den Marktplatz, und Elija sagte zu Rabbi Baruka: „Diese beiden werden Anteil an der kommenden Welt haben!" Rabbi Baruka fragte sie: „Was ist denn euer Beruf?" Sie antworteten: „Wir sind Clowns! Wenn wir jemanden sehen, der traurig ist, dann erheitern wir ihn. Wenn wir zwei Menschen sich zanken sehen, versuchen wir, sie wieder zu versöhnen!" (Nach b. Ta'anith 22 a)

Dem Rabbi, der doch sonst immer gern das letzte Wort hat, hat die Antwort der beiden die Sprache verschlagen: Clowns als bevorzugte Anwärter auf den Himmel? – Im Geiste sehe ich ihn kopfschüttelnd davongehen – im Gefolge viele Fromme aus allen Jahrhunderten, Menschen aufrichtigen Herzens, voller Eifer und Treue den Geboten Gottes gegenüber, einzig ein bißchen gequält und leidend, so als trügen sie an einer schweren Last. Will man dem hl. Paulus glauben, bringen sie den lieben Gott in Verlegenheit, liebt Er nach 2 Kor 9,7 doch „einen heiteren und fröhlichen Geber", eben einen Geber von der Art eines Clowns.

7. Mulieres fortes – Starke Frauen

Schon früh, um die Mitte des 12. Jahrhunderts bereits, schließen sich den Kartäusermönchen auch Nonnen an. Ihre Zahl war nie sehr groß, nach 840 Jahren gibt es immer noch nur sechs Kartäuserinnenklöster mit zusammen 115 Schwestern. Sie leben – meist in der Verborgenheit eines alten Schlosses oder einer ehemaligen Abtei – ein Leben der Buße und des Gebetes, das dem Leben der Patres und Brüder weitgehend angepaßt ist; Milderungen zeigt die Regel hauptsächlich hinsichtlich der Einsamkeit: Statt in Einsiedeleien wohnt man in Einzelzimmern; die Mahlzeiten nimmt man nicht nur sonn- und feiertags gemeinsam ein, sondern auch wochentags; zur Erholung trifft man sich nicht nur zweimal in der Woche, sondern täglich. Bis vor etwa 40 Jahren der Wunsch nach einem strengeren, einsameren Leben laut wird! Zu realisieren ist er aber erst in den 70er Jahren:

Das Kartäuserinnenkloster „Notre-Dame de Reillanne" von Nordwesten her gesehen mit Blick auf den Großen Kreuzgang und die an ihm gelegenen Zellen für die Chorschwestern. Im Hintergrund die Kirche mit dem P-förmigen Glockenturm.

• 1971 beginnen fünf Schwestern in der Kartause Beauregard, einem alten Schloß in der Nähe von Voiron, das von der Stille, der Raumbeschaffenheit und von der ganzen Atmosphäre her für das eremitische

Leben wenig geeignet ist, in Einsiedeleien zu leben, die man im Garten errichtet hat.

- 1972 interessieren sich andere Häuser für das Experiment: Eine Schwester aus der italienischen Kartause San Francesco und eine weitere aus dem spanischen Kloster Benifaçà kommen nach Beauregard.
- 1977 übernehmen sechs Kartäuserinnen die Kartause von Vedana bei Belluno, die die Mönche aus Personalgründen kurz vorher aufgegeben haben.
- 1978 siedelt die Gemeinschaft von Beauregard nach Reillanne über, wo man – in einer einsamen Gegend der Haute-Provence – ein neues Kloster gebaut hat (s. Abb.). Sieht man von der Anordnung der Gebäude ab, gleicht es den klassischen Kartausen, einzig in zwei Punkten zeigt es wichtige Unterschiede: Nicht nur die Chorschwestern wohnen in Zellen aus Häuschen und Garten, sondern auch die Konversschwestern. Des weiteren hat die Kirche eine Seitenkapelle, von der aus Besucher, Frauen wie Männer, an den liturgischen Feiern des Konventes teilnehmen können, ohne die Klausur zu verletzen.

Zur Kartause „Notre-Dame de Reillanne“ mache ich mich im Sommer 1984 auf den Weg. Eine Empfehlung von P. Jean, als ehemaliger Prior von der nur 100 Kilometer entfernten Kartause von Montrieux mit der Mutter Priorin gut bekannt, soll mir die Tür öffnen. Es ist dies mein erster Kontakt mit Kartäuserinnen; bisher bin ich ihnen nur in der Literatur begegnet, in meist nur kurzen Beiträgen im Anhang an Berichte und Reportagen über die Mönche.

P. Jean hatte mich vorgewarnt: „Es ist nicht leicht, das Kloster zu finden!“ Wie recht er hatte! Eine falsche Abfahrt, und ich irre in der Gegend umher. Über mir am wolkenlosen Himmel eine unbarmherzige Sonne, 35 Grad im Schatten meldet das Radio. Für das bewundernswerte In- und Nebeneinander von violettblauen Lavendel- und goldgelben Getreidefeldern fehlen mir die Augen, solange ich nicht weiß, wo ich mein Ziel suchen soll. In den Dörfern, in denen ich nachfrage, schüttelt man verständnislos den Kopf. Endlich weiß der Bauer einer einsamen Farm Näheres: Ja, er habe von dem Nonnenkloster gehört, es aber noch nicht gesehen. Es liege versteckt in einem Wald von grünen Zwergeichen, ein nur kleines weißes Kreuz auf einem Holzpfahl zeige die Abzweigung an. Die Landstraße führe in seine Richtung. Die Angaben stimmen exakt: Nach 5 Kilometer Fahrt finde ich zur Linken das beschriebene Kreuz, ganz und gar unauffällig, ohne jede Aufschrift, von seiner Größe her eher ein Prozessions- als ein Wegekreuz. Nach weiteren 1000 Metern am Ende eines kaum befahrbaren Waldweges, tauchen weit hinter einem 2 Meter hohen Drahtzaun, der an militärisches Sperrgebiet erinnert, die roten Dächer des Klosters auf. Das eingeschlossene Gelände muß riesig sein; jedenfalls stoße ich erst nach mehreren 100 Metern Zaunfahrt auf ein Durchfahrtverbotsschild – ich bin am Ziel.

Ein lautes Grillenkonzert empfängt mich, als ich aussteige, sonst aber ist weit und breit kein Laut zu hören; ringsum niedriger Krüppelwald. Ich folge dem Schotterweg, nach 50 Metern etwa öffnet sich der Zaun und gibt Zugang zu einem Komplex von Gebäuden, aus denen die hochgebaute Kirche herausragt. Ihre Tür steht offen, ich trete ein und finde mich in einer kleinen, vielleicht 15 Quadratmeter großen Seitenkapelle wieder, die an die südliche Breitseite des Kirchenschiffes angebaut ist. Lediglich eine schaufenstergroße Öffnung erlaubt einen Blick in den Chorraum, auf den Altar und seine nähere Umgebung.

Ich bin nicht allein; eine kleine Gruppe von fünf Männern und Frauen beginnt soeben mit der Meßfeier. Man singt und betet holländisch, und auch der Zelebrant erweist sich als Holländer. Da Kartäuser jede Seelsorge ablehnen, ist die Situation klar: Ein Pater hat sich mit Verwandten zum Gottesdienst versammelt. Meine Vermutung bestätigt sich wenig später schon im Gespräch draußen vor der Kirche: Man kommt aus der Nähe von Rotterdam und besucht hier P. Antonius, den Vikar des Klosters. Für die 82jährige Mutter ist es wahrscheinlich der letzte Besuch bei ihrem Sohn. In früheren Jahren ging die Reise jedes Jahr zu ihm nach Italien, zuerst in die Kartause von Calci nahe bei Pisa, wo er im Oktober 1947 als 22jähriger eintrat, später in die Certosa di Vedana in den Dolomiten und zuletzt in die Certosa von Farneta bei Lucca. Erstmals in diesem Jahr kam man hierher in das Kartäuserinnenkloster „Notre-Dame de Reillanne“. Es waren schöne Stunden, die man hier verbringen durfte; morgen aber schon muß man wieder abreisen. Als die Reihe an mir ist, über mein Woher und Warum zu berichten, nähert sich P. Antonius; erst als er an meine Seite tritt, bemerke ich ihn. Mein Erschrecken begegnet einer spontanen Herzlichkeit, wie sie sonst nur unter guten Bekannten üblich ist. Kaum, daß ich meine Bitte um Bestätigung des brieflich angezeigten Gesprächstermins ausgesprochen habe, eilt er zur Pforte und kommt nach zwei Minuten bereits mit der Nachricht zurück, daß ich gleich nach der Vesper schon, in einer halben Stunde etwa, mit der Subpriorin, Schwester Claire, sprechen könne; Mutter Priorin sei leider außer Haus. Obwohl auf diesen überraschenden Termin nicht eingestellt, sage ich zu.

Mit meinem Fragenkatalog beschäftigt, warte ich im Sprechzimmer gleich neben der Pforte, einem länglichen Raum, den eine thekenartige Barriere in zwei Hälften unterteilt. Schneller als mir lieb, öffnet sich an der Breitseite mir gegenüber die Tür, ein dichter Vorhang wird zur Seite geschoben, und eine Schwester kommt auf mich zu, fast lautlos und statuenhaft starr. Eine stolze Frau von vielleicht 40 Jahren. Der schwarze Schleier über dem gelblichweißen Kartäusergewand gibt ein frisches Gesicht mit großen mandelförmigen Augen frei. „Ich bin Schwester Claire!", ihre Stimme klingt leise, fast zaghaft. „Mutter Priorin hat mich gebeten, Ihnen Ihre Fragen zu beantworten!" Wortlos nehmen wir Platz, diesseits und jenseits der Barriere wie in zwei verschiedenen Welten. Von dem formalen, ja geradezu kühlen Empfang überrascht, beginne ich sogleich in der Art eines Prüfers meine Themenliste abzufragen. Und Schwester Claire antwortet, kurz und präzise, mit keinem Wort zuviel. Das Bild, das sich am Ende aus den Mosaiksteinchen der Antworten zusammenfügen läßt, ist wenig lebendig; nur ein paar persönliche Anmerkungen heben es von dem offiziellen, im Klosterprospekt veröffentlichten ab. Wie diese, daß ein Besuch im Museum der Correrie ihr den Weg zu den Kartäuserinnen zeigte; daß sie 1962, vor 22 Jahren, in die französische Kartause Beauregard eintrat; daß sie 1978 darum bat, am Experiment in Reillanne teilnehmen zu dürfen.

Das Kloster ist Männern natürlich nicht zugänglich, selbst weiblichen Besucherinnen – ausgenommen Aspirantinnen – bleibt es verschlossen. Um mir einen Einblick in die Anlage zu ermöglichen, darf ich ein Album mit ins Quartier nehmen, mit Fotos von der Grundsteinlegung bis zum Einzug. Augenblicklich beherbert die neue Kartause 28 Nonnen; mehrere Postulantinnen, selbst aus Amerika, haben sich angesagt. Der persönlichen Veranlagung entsprechend lebt man als Chor-, Konvers- oder Donatschwester. Während die Chorschwestern zu einem einsameren Leben und auch zu längeren Offizien verpflichtet sind, ist die Einsamkeit der Konversen und Donaten weniger streng, die Handarbeit in ihrem Tagesplan gewichtiger. Alle drei ergänzen sich gegenseitig; das vielgebrauchte Bild vom Leib und seinen Gliedern verdeutlicht die Notwendigkeit des Zusammenwirkens, wenn es dem Organismus gutgehen soll. Dünkelhafte Arroganz auf welcher Seite auch immer widerspricht nicht nur wahrer Berufung, sondern führt auch zum Selbsttod.

An das Leben in den Einsiedeleien haben sich die Chorschwestern rasch gewöhnt. Worunter man am meisten leidet, ist das Klima. Die extremen Außentemperaturen, im Sommer über 30 Grad plus, im Winter unter 20 Grad minus, sind in den Zellenhäuschen mit ihren dünnen Betonwänden stärker zu spüren als in den dicht nebeneinanderliegenden Zellen der ehemaligen Kartause.

Im Lebensstil folgt man weitgehend dem der Patres. Wie sie beten die Chorschwestern zwei Offizien, neben dem Großen Offizium das Marianische; wie sie unterbricht man um Mitternacht den Schlaf, und wie sie wahrt man die Einsamkeit der Zelle. Nur hierin gibt es eine Erleichterung: Nach der Messe nimmt man ein leichtes Frühstück ein, etwas Brot mit Milchkaffee.

Soweit wie möglich werden die Handarbeiten allein in der Zelle verrichtet, in einem eigenen Arbeitsraum, der der Werkstatt der Mönche entspricht. Neben notwendigen Arbeiten für die Kommunität wie Flicken und Bügeln beschäftigt man sich auch, um etwas Geld für den Lebensunterhalt zu verdienen, mit Schreib- und Vervielfältigungsarbeiten, mit Paramentenstickerei, mit Buchbinderei und Kunsthandwerk. Bei letzterem winkt Schwester Claire bescheiden ab: Um Kunst im eigentlichen Sinne handele es sich hierbei nicht. Man ziehe lediglich Ikonenbilder auf und dekoriere Karten mit getrockneten Blumen.

„Darf ich beides einmal sehen?“ – Schwester Claire zögert, ist auf mein Bitten hin dann doch bereit, loszugehen und einige Objekte zu holen: Postkarten mit kunstvoll arrangierten Stilleben aus Blumen, Gräsern und Moosen, auf kleinster Fläche die ganze Kräuterfülle der Provence. Und – mit liebevoller Sorgfalt aufgeklebt, gerahmt und mit Filz bespannt – eine alte russische Ikone. Bewundernd schaue, fühle und rieche ich – und kaufe. Schwester Claire lächelt, soviel Anerkennung hat sie nicht erwartet. Die Atmosphäre beginnt sich zu entspannen, der rechte Zeitpunkt für ein vertieftes Gespräch wäre gekommen, doch wir müssen aufbrechen: Auf die Subpriorin wartet die Komplet; ich muß mich beeilen, ein Bett zu finden, soll ich nicht im Freien übernachten.

2. Tag: Einen ganzen Vormittag lang wühle ich in dem Klosteralbum, das eine Novizin mit viel künstlerischem Geschmack zusammengestellt hat. Fotos und Pläne, Texte und Zeichnungen, geschickt miteinander in Beziehung gesetzt, dokumentieren nicht nur das Werden der neuen Kartause, sondern geben auch Einblick in ihre Innenwelt, die sonst weithin unbekannt bliebe. Vieles, was mir im Gespräch mit Schwester Claire dunkel war, beginne ich jetzt erst zu verstehen.

Gemessen an den Männerklöstern, wirkt die Anlage von „Notre-Dame de Reillanne“ kompakt: Alle notwendigen Gemeinschafts- und Arbeitsräume gruppieren sich eng um die Kirche, an die Kirche auch schließt sich, nach Norden hin, das Rechteck des Großen Kreuzgangs mit den Einsiedeleien an, 16, die ich auszählen kann; weitere verstecken sich offensichtlich – wie der alphabetischen Numerierung zu entnehmen – im Gewirr der Gemeinschaftsräume. Da aus fertigen Betonteilen zusammengesetzt und größtenteils nur eingeschossig, haftet den Gebäuden Fabrikhallen- bzw. Lagerschuppenatmosphäre an. Allein die Kirche, die nur wenig den klösterlichen Komplex überragt, zeigt ein interessantes Gesicht: Dadurch, daß ihr Dach nicht – wie sonst üblich – auf den vier Seitenwänden des Kirchenschiffes, sondern auf einer sockelhaft emporwachsenden Abschlußdecke aufruht und so das Aussehen einer fernöstlichen Pagode gewinnt, erweckt sie, obwohl ebenfalls aus massivem Beton gegossen, den Eindruck von Leichte und Schwerelosigkeit, so als wolle sie sich jeden Augenblick zum Himmel erheben und davonfliegen. Über sie emporragend, von einem meterhohen Kreuz gekrönt, ein schlanker Glockenturm in der Form eines P, in dessen Innerem eine Glocke hängt. Der Architekt hat ihn so ausgerichtet, daß er den Chorschwestern auf ihrem Weg zur Kirche in die Augen sticht; denn P steht für „Pax“, Pax aber meint Friede. Konkret den Frieden, den der Auferstandene seinen Jüngern verheißt, eine jenseitig-endzeitliche Gabe also, die die Welt nicht geben kann (Joh 14, 27): Heil, Wohlsein, Freude und Glück, eine Vorweggabe der Ewigkeit, ein Stück des Himmels.

Mein besonderes Interesse gehört den Einsiedeleien, ihnen auch sind die meisten Fotos gewidmet. Da vom Fließband, gleichen sie einander, von wenigen Unterschieden in den Eckzellen abgesehen, bis ins Detail: kleine, einstöckige Häuschen mit leicht geneigtem Satteldach, Baracken nicht unähnlich. Ein gelblicher Anstrich und ein rotes Ziegeldach beleben zwar das Bild, vermögen aber die Betonbauten anhaftende Atmosphäre nicht zu verdrängen. Der rechteckige Grundriß, insgesamt nur zwischen 20 und 25 Quadratmeter groß, läßt der Planung nur wenig Spielraum. Einem größeren Arbeitsraum in der ersten Hälfte schließt sich das Wohn- und Schlafzimmer, das sog. „Cubiculum“, in der anderen Hälfte an; ihm ist, durch Zwischenwände abgetrennt, eine Waschgelegenheit und eine Toilette integriert. Innenaufnahmen zeigen, daß jede Schwester ihr kleines Reich ganz individuell gestaltet hat, soweit es die begrenzten Möglichkeiten zulassen: durch unterschiedliches Arrangieren des bescheidenen Mobiliars aus Bett, Betstuhl, Regal, Tisch und Hocker, durch ein paar Bilder und Blumen, mehr erlaubt kartusianische Einfachheit nicht. Und dennoch wirkt jedes „Cubiculum“ auf seine Art einladend, ja gemütlich. Der Blick geht durch ein großes Fenster in den Garten hinaus, stößt sich aber bald schon nach allen Seiten hin an nahen Betonmauern, an den Rückwänden des Großen Kreuzgangs und der vorausliegenden Zelle und an der Außenwand. Der Garten ist ziemlich groß, kaum kleiner als in den mir bekannten Männerklöstern. Älteren Schwestern hat die Klostergemeinschaft bei der Anlage geholfen, die Fotos zeigen eine fröhlich ausgelassene Nonnenschar. Wie ich überhaupt nur lachende Gesichter ausmachen kann!

Es ist 16.00 Uhr! Von der Seitenkapelle der Klosterkirche aus schaue ich der Sakristanin zu, wie sie – vor den Stufen zum Chorraum stehend – die Glocke zur Vesper läutet. Nach einer halben Minute schon öffnet sich mir gegenüber, in der Breitseite des Kirchenschiffes, an die sich der Große Kreuzgang anlehnt, die Tür, und die Nonnen treten ein, nicht in benediktinisch feierlicher Prozession, sondern einzeln, in unregelmäßigen Abständen, je nach Entfernung der Zelle in erkennbarer Eile. Die Reihe im cremefarbenen Kartäusergewand beenden zwei Postulantinnen in Zivil. Ehe man seinen Platz im Chorgestühl aufsucht, wendet man sich dem Glockenseil zu, übernimmt es von der vorausgehenden Mitschwester, zieht ein paar Takte daran und übergibt es der nachfolgenden. Von auffallender Heiterkeit die letzte Postulantin, ein noch junges Mädchen, das sich beeilt, mit dem Gewicht seines leichten Körpers den Schwung der Glocke zu bremsen, von ihr aber mit in die Höhe gezogen wird und erst allmählich Stand auf dem Boden gewinnt. Während sie das Glockenseil an einem Haken in der Seitenwand befestigt und in das Chorgestühl huscht, nehmen P. Antonius und ein Mitbruder, von der Sakristei herkommend, Platz in ihrem Chorgestühl hinter dem Altar, weitab von dem Nonnenchor, am anderen Kopfende der Kirche.

„Deus, in adiutorium meum intende!" – mit der Bitte um Beistand beginnt die Vesper. Die Schwestern singen die Texte – wie die Patres – in Latein, nach alten gregorianischen Melodien, ohne jede instrumentale Begleitung. Ihre Stimmen klingen hell und klar, einem Bergbach gleich springen sie im Wechsel von links nach rechts über die an- und absteigende Notenlandschaft, verweilen zwischendurch einmal hier und einmal da und verdünnen sich am Ende zu einem fast lautlosen Hauch beim „Gloria Patri". Kartäusergesang will vor jeder gesanglichen

Perfektion Lob, Dank und Bitte sein. Hier, im Chor der Nonnen von Reillanne, kommt beides zusammen; ich vermag nicht zu sagen, was stärker anrührt – das Gebet das Herz oder der Gesang das Ohr. Nach einer halben Stunde schließt die Vesper mit dem „Salve Regina". Die Schwestern treten aus ihrem Chorgestühl, verneigen sich vor dem Altar, tief und ehrfurchtsvoll, und verschwinden nacheinander im Dunkel der Tür, die zum Kreuzgang führt.

Draußen wartet P. Antonius auf mich, denn wir haben uns zum Gespräch verabredet. „Gehen wir zu meiner Villa!" lachend zeigt er auf ein alleinstehendes Haus inmitten einer Baumgruppe, das ich erst jetzt wahrnehme. Ehemals gehörte es zu einem Bauernhof, im Zuge des Neubaus der Kartause wurde es renoviert und so umgebaut, daß wenigstens drei Kartäuser in ihm größtmögliche Einsamkeit finden. Denn in der Regel stehen zwei Patres für die notwendigen seelsorgerlichen Dienste bereit; alle handwerklichen Arbeiten, die von Schwestern nicht ausgeführt werden können, übernimmt ein Bruder. Der Pfad, dem wir folgen, ist der Pfad von P. Antonius, ein wenigstens 200 Meter langer offener „Kreuzgang" durch hartes Gras und niedriges Gestrüpp. Im Sommer, vor allem in mondhellen Nächten, ein einzigartiger Weg; weniger einladend dagegen im Herbst und im Winter, wenn es stürmt, regnet und schneit. Wie muß ich lachen, als P. Antonius mir voller Stolz seinen Regenschutz vorführt, den man ihm aus Resten von Nylonplanen mit Hilfe von Klebeband und schwarzem Zwirn „zusammengeschneidert" hat! Wer ihm nachts in dieser Gewandung begegnet, wird aus Angst wenn nicht vor einem überirdischen, so dann aber vor einem außerirdischen Wesen die Flucht ergreifen.

Plaudernd erreichen wir das „Männerkloster", ein zweistökkiges Haus aus soliden Bruchsteinen. Um die Einsamkeit zu sichern, hat es zwei Eingänge, einen an jeder Frontseite. P. Antonius führt mich hinauf in seine Zelle im ersten Stockwerk; sie bietet das gewohnte Bild kartusianischer Einfachheit: Bett, Tisch und Stuhl, Bücherregal und Betstuhl, an den Wänden ein paar Heiligenbilder. Das einzige Fenster des Raumes öffnet sich nach Süden hin mit dem Blick über eine bewaldete Hügellandschaft, erst in kilometerweiter Ferne erkennt man Bauernhöfe und Dörfer.

Um der Hitze der Zelle zu entgehen, spazieren wir in die halboffene Macchienlandschaft hinaus, zuerst noch über einen Pfad, wenig später aber schon querfeldein, wo Zwergbäume und Gebüsche sich öffnen. P. Antonius kennt sich hier aus. Seit einem Jahr ist er der Vikar der Kartause und als solcher mit dem Coadjutor, einem Mitbruder, verantwortlich für die Seelsorge der Nonnen. Da jener eine absolute Einsamkeit lebt, macht er sich gelegentlich allein auf den Weg in die Umgebung. „Ein Stückchen Natur hilft uns, freier zu atmen, uns dem Schöpfer näher zu fühlen, spontan zu beten. In den Bäumen begegnet er mir, in den Blumen lächelt er mich an, im Gras lädt er mich ein, mich ein wenig auszuruhen und mich wie in Ferien zu fühlen.“ Sicherlich, manchmal fehlt das Gespräch mit den Mitbrüdern, aber 37 Jahre in der Zelle haben ihn das Alleinsein, das immer ein Alleinsein mit Gott ist, lieben gelehrt. Langeweile kennt er nicht; im Gegenteil, der Tag ist meistens zu kurz. Bei der Handarbeit beschränkt er sich auf die Arbeit im Garten und das obligatorische Holzsägen, um den Winterbrand sicherzustellen. Sein Hauptinteresse gehört dem Studium, vor allem dem Studium des biblischen Urtextes und der Schriften des hl. Thomas, und dem Gregorianischen Choral. „Wenn ich diesen Choral singe, lege ich meine ganze Seele in ihn hinein. Diese Musik ist so schön, so reich und der Träger so vieler Gnaden. Diese Melodien sind für mich wie eine Gabe des Heiligen Geistes.“ Überdies bringen die Seelsorgetätigkeit, die Beichte der Schwestern und – soweit von ihnen gewünscht – die geistliche Führung Bewegung in den Alltag. Diese Arbeit macht Freude und schenkt auch viel Kraft. Nur mit Bewunderung kann man zu einigen Schwestern aufschauen, und der Eifer der anderen ist anstekkend. Das Verhältnis der Chorschwestern zu den Konvers- und Donatschwestern ist in der Praxis unproblematisch. Beide Gruppen verfolgen das gleiche Ziel, allein ihre Wege zu ihm hin differieren. Und das Experiment mit den Einsiedeleien? – Es scheint geglückt! Jedenfalls sind keine größeren Schwierigkeiten zu beobachten. Frauen zeigen sich stark wie Männer. Insgesamt eine lebendige Gemeinschaft!

P. Antonius hat unseren Spaziergang so gewählt, daß wir pünktlich um 18.00 Uhr wieder am Kloster ankommen. Es ist dies die Stunde, in der Schwestern beichten wollen. Wir verabschieden uns; morgen will ich noch einmal vorbeischauen, um dabeizusein, wenn die Nonnen zum wöchentlichen Spaziergang ausziehen, und um „A-Dieu" zu sagen.

3. Tag: Statt der zum Spaziergang gerüsteten Nonnen treffe ich am Klostereingang die Angehörigen der todkranken Schwester Gemma, die heimzuholen Mutter Oberin verreist war. Heute morgen kam der Krankentransport an. Obwohl die Kranke überaus schwach ist und der vom Krebs befallene Magen jede Nahrung verweigert, kann niemand sagen, wann der Tod kommt. Zuerst wollte man warten, entschließt sich dann aber nach einem Gespräch mit der Subpriorin Abschied zu nehmen und nach Italien zurückzukehren. Zuvor jedoch will man noch einmal mit Schwester Gemma zusammen die Messe feiern, mit ihr und für sie.

Wir haben gerade in der Seitenkapelle Platz genommen, als zwei Nonnen die Kranke im Rollstuhl hereinbringen und vor dem Altar aufstellen. Die Verwandten, zwei leibliche Schwestern mit ihren beiden Männern, steigen mit italienischem Temperament auf die Stühle, winken, rufen, lachen und weinen. Uns gegenüber, nur zehn Meter entfernt, ein Bild des Jammers, das die Tränen in die Augen treibt! Das Skelett von einem Menschen im weißen Krankenhemd, halb sitzend, halb liegend in einem uralten Rollstuhl, mit knochendünnen Armen, die kraftlos über die Armlehnen herunterhängen, mit eingefallenem, fahlem Gesicht, in dem die Augen geschlossen sind und ein halboffener Mund um Luft ringt – Schwester Gemma, eine Frau von 77 Jahren, der der Tod bereits seine Rechte auf die Schulter gelegt hat. In Augenblicken, manchmal auch in Minuten kraftvollen Aufbäumens öffnen sich die Augen, gehen zum Altar hinauf, wechseln anschließend zu den Angehörigen hinüber und nicken ihnen zu, der Mund spricht lächelnd die Gebete mit, und die

Hände falten sich in kindlicher Demut oder winken. Das Bild wäre nicht vollständig, würde man die beiden Mitschwestern vergessen, die sich in diesen Minuten um die Kranke sorgen, sie liebevoll streicheln und küssen; keine Tochter könnte der leiblichen Mutter mehr Zärtlichkeit entgegenbringen. Rührend auch die Anteilnahme von P. Antonius! Von der Situation gedrängt, zelebriert er schnell. Wo immer aber nur möglich, wendet er sich der Kranken zu, schickt seine Augen zu ihr in den Rollstuhl hinab und spricht sie in Fürbitten und Gebeten ganz persönlich an, mit vertrauensvoll zuversichtlicher Stimme, in ihrer italienischen Muttersprache.

Nach der Messe ist der Augenblick des Abschieds gekommen. Die Kranke, ganz wach und aufmerksam, lächelt und winkt herüber, die Verwandten ihrerseits sind an die Holzbrüstung herangetreten und schieben und drücken, als wollten sie sie durchbrechen, um ihrer Schwester näherzurücken. 10 Sekunden, 20 Sekunden lang ein südländisch bewegtes Grüßen und Winken, Lachen und Weinen, Streicheln und Küssen über die Klausurmauer, die unüberwindliche, hinweg. Schon scheint man sich unter Tränen voneinander losgerissen zu haben, als Schwester Claire, offenbar auf Bitten der Kranken hin, die sie zu sich herunterzieht, den Mitschwestern das Zeichen gibt, die Klausurtür zur Seitenkapelle zu öffnen und die Verwandten eintreten zu lassen. Für eine Minute nur, damit man sich noch einmal umarmen kann, zum letztenmal hier unten auf der Erde.

Erst ein halbes Jahr später erhalte ich Antwort auf zwei meiner stummen Fragen, die beim Abschied von Reillanne offengeblieben waren. In einem Brief vom Februar schreibt P. Antonius: „Zwei Tage nach Ihrer Abreise ist Schwester Gemma gestorben, unerwartet, ohne Todeskampf ... Am 1. 1. 1985 feierten wir die einfache Profeß einer Novizin, der ersten von Notre-Dame, ein historisches Datum also. Viele junge Mädchen interessieren sich für unsere Kartause. DEO GRATIAS!“

8. Seit fünfzig Jahren Kartäuser

Ich kenne ihn seit 25 Jahren. „Der Herr selber hat die Bande unserer Freundschaft geknüpft!“ schrieb er mir jüngst in einem Brief. Besucht habe ich ihn in diesem Vierteljahrhundert nur selten; meist nach mehreren Jahren erst wuchs in mir der Mut, wieder einmal an seiner Zelle anzuklopfen. In der Hauptsache sicherten Briefe den Kontakt, pro Jahr einer, zwei oder gar drei nur dann, wenn ich ihn mit meinen Problemen und Nöten bedrängte.

Fünfzig Jahre Kartause sind fünfzig Jahre eines intensiven Lebens mit Gott. Gott einzig auch wollte er die Ehre geben, als er mir aus seinem Leben erzählte:

Er ist Franzose, geboren im französischen Jura in der Nähe von Besançon, als viertes von acht Kindern. Elfjährig schickt man ihn ins „Petit Séminaire“, in ein strenggeführtes religiöses Knabenseminar, auf daß er studiere, vielleicht sogar Priester werde. Erst später wird er den hier geübten Verzicht und die hier gelernte Ordnung und Pünktlichkeit als „pädagogische Maßnahme“ der göttlichen Vorsehung erkennen. Der 18jährige Abiturient sympathisiert insgeheim mit den Zisterziensern und Trappisten. Jedesmal jedoch, wenn er eine der umliegenden Abteien besuchen will, Cîteaux, Hautecombe oder eine andere, wird er davon abgehalten, so als wolle die Vorsehung einen näheren Kontakt verhindern. Eher zufällig dagegen kommt es zu einem Besuch der schweizerischen Kartause „La Valsainte“. Zusammen mit einem Freund fährt er sie per Fahrrad an, da die ältere Schwester, eine Dominikanerin, ihn wegen des Namenstages des hl. Dominikus an diesem Tag nicht empfangen kann. Was man ihm hier zeigt und sagt, beeindruckt ihn so sehr, daß er bald schon zurückkehrt, um sich zu prüfen.

Obwohl der Besuch positiv verläuft, tritt er jedoch erst zwei Jahre später ein, nachdem er eine Offiziersausbildung – aufgrund einer Krankheit frühzeitig – mit dem Rang eines Unteroffiziers abgeschlossen hat. Allein die Vorsehung weiß, was ohne Krankheit geworden wäre. Ein Jahr bereits nach dem Eintritt, am 8. September 1937, legt er als 23jähriger die ersten Gelübde ab, regelmäßig zunächst einmal nur für vier Jahre; 1939 aber schon zwingt ihn der Krieg, das Kloster wiederum zu verlassen. Sechs Jahre, von denen er fünf in deutscher Gefangenschaft verbringt, dauert der unfreiwillige „Auszug". Jahr für Jahr erneuert er in dieser Zeit vor einem Geistlichen die zeitlichen Gelübde. Es ist eine harte Zeit der Entbehrungen, mit Hunger und Kälte, aber auch eine Zeit wichtiger Erfahrungen, für die er der Vorsehung dankbar ist. Neu motiviert und in seiner Entscheidung für die Kartause sicherer, kehrt er nach Kriegsende, 1945, in die „Valsainte" zurück. Dort legt er am 8. September 1947, nachdem er sich zuvor auf Drängen des Priors zum Priester hat weihen lassen, die Ewigen Gelübde ab.

Als Prior in der Kartause von Montrieux inmitten seiner Mönche bei der Schriftlesung im Kapitelsaal

In den nachfolgenden vier Jahrzehnten trägt er 31 Jahre lang Verantwortung, 17 Jahre als Novizenmeister und 14 Jahre als Superior bzw. als Prior. Obwohl dem Buchstaben des Evangeliums und der Statuten verpflichtet, ist er frei von allem todbringenden Formalismus, mutig und gehorsam zugleich. Durch eine harte Lebensschule erprobt und geformt, fordert er von sich das Höchste, mehr als er als Oberer seinen Mitbrüdern zumutet. In allem, in religiösen wie organisatorischen Fragen ein Realist, der mit beiden Füßen auf dem Boden steht, erkennt er drohende Gefahren wie auch sich auftuende Chancen. Kritisch zeigt er dem Orden – ausgehend von der Heiligen Schrift und der mönchischen Tradition – schon in vorkonziliarer Zeit Wege auf, die man zuerst verständnislos verwirft und als Revolution abtut, inzwischen aber, nach dem Konzil, zu begehen sich anschickt. Um ihn mit einem Wort Jesu zu charakterisieren: „Ein echter Israelit, ein Mann ohne Falschheit"! (Joh 1,47).

Heute lebt er, 73jährig, als einfacher Mönch in der Kartause „Marienau". Hier auch sitze ich ihm am Vormittag eines Augustmorgens im Gästegarten gegenüber und lausche dem, was er mir auf meine Fragen zu sagen hat:

– Mon Père, in wenigen Tagen, am 6. August 1986, werden es fünfzig Jahre, daß Sie in die Schweizer Kartause „La Valsainte" eingetreten sind. Was fiel Ihnen in diesen fünf Jahrzehnten am schwersten?

– Als Last empfand ich immer das, was nicht kartusianisch war, z. B. die verschiedenen Ämter, die ich übernehmen mußte. Als Prior ist man gezwungen, häufiger die Zelle zu verlassen, um die Interessen des Ordens oder des Hauses zu vertreten, Kontakte mit weltlichen Behörden aufzunehmen und zu pflegen und mehr oder weniger wichtige Besucher zu empfangen. Das geht auf Kosten des Gebetes und der Betrachtung, der beiden Hauptbeschäftigungen eines Kartäusers. Einer muß es tun, ich weiß. Ich selber bin von Natur aus schüchtern und habe nie ein Amt gesucht. Man mußte mich immer lange drängen, ehe ich ja sagte. Die Jahre als Magister und als Prior waren Jahre der Last, die ich im Gehorsam getragen habe. Heute, als einfacher Mönch ohne Verantwortung, danke ich der Vorsehung jeden

Tag dafür, daß sie mich endlich der Einsamkeit zurückgegeben hat. Der Platz eines Kartäusers ist in seiner Zelle, und je weniger er sie verläßt, um so treuer lebt er seiner Berufung, um so wirksamer ist sein Leben.

– Insgesamt 31 Jahre haben Sie im Orden Verantwortung getragen. Haben die Ämter Ihnen bei aller Last nicht doch auch geholfen, die Einsamkeit besser zu ertragen?

– Die Einsamkeit war für mich nie ein Problem und ist es auch heute nicht. Ich kann mich gut beschäftigen, habe daher nie Langeweile. Im Gegenteil, mein Problem heißt seit fünfzig Jahren Zeit. Der Tag in der Kartause ist kurz, zu kurz. An normalen Werktagen sind für Gebet und Betrachtung etwa acht Stunden zu veranschlagen; addiert man weitere acht Stunden für Toilette und Schlaf, bleiben lediglich noch acht Stunden für Studium, Handarbeit, Essen und Erholung. Normale Werktage aber gibt es nur wenige. Meist montags steht der wöchentliche Spaziergang auf dem Plan; mittwochs singe ich mit den Novizen und Jungprofessen; samstags kommen Mitbrüder zur Beichte und zum Beichtgespräch vorbei. Nein, die Zeit wird mir nicht lang! Ich habe Arbeit für zehn Jahre im voraus!

– Darf ich wissen, womit Sie sich im Augenblick beschäftigen?

– Wenn möglich, reserviere ich den Vormittag für das Studium, den Nachmittag für die Handarbeit. Im Augenblick arbeite ich an der Übersetzung einer Bruno-Biographie aus dem Spanischen ins Französische. Mit ihr werde ich noch mehrere Wochen beschäftigt sein. – Im Garten habe ich in diesem Jahr wenig zu tun. Die 3000 Schwarzwurzeln, die ich im Frühjahr gepflanzt habe, wachsen gut. Es macht sich bezahlt, daß ich in den letzten Jahren den Boden ca. 30 cm tief umgegraben und gesiebt habe; es gibt fast kein Unkraut. So bin ich frei für Arbeiten an und in der Zelle. Als man die Kartause vor zwanzig Jahren baute, hat man vieles zu schnell und provisorisch gearbeitet. Vieles muß nachgeholt, vieles bereits erneuert werden. Im Augenblick bastele ich aus Abfallholz vom Dach Regale für den Kleiderschrank.

– Wie ich aus Ihren Briefen und auch aus Gesprächen mit Ihnen weiß, ist seit Jahren die Arbeit des Kreuzgangmönches für Sie ein wichtiges Thema!

– In der Tat, weil ich glaube, daß wir in diesem Punkt aus guten Gründen zu den Ursprüngen der monastischen und kartusianischen Tradition zurückkehren müssen. Bisher war es so, daß der Kreuzgangmönch weitgehend dem Druck und der Last der Arbeit entzogen war. Mit Blick auf das Gebet, seine Hauptaufgabe, sollte er sich beschäftigen, um sich zu entspannen. Ob diese Beschäftigung nützlich und rentabel war, war unwichtig. Ich glaube, daß wir hier umdenken und die Entwicklung der letzten Jahre konsequent weiterführen müssen. Benedikt von Nursia, der Patriarch des abendländischen Mönchtums († um 547), nennt im 48. Kapitel seiner Regel nur den einen wahren Mönch, der „den Aposteln und den Vätern gleich" seinen Lebensunterhalt selber verdient. Und auch Guigo, der Autor unserer ersten Regel, empfiehlt in seinen „Gewohnheiten" aus dem Jahr 1127: „Wenn jemand sich bei uns vorstellt, ohne ein Handwerk zu kennen, so bilde man ihn im Kopieren von Handschriften aus!" Das Kopieren von Handschriften aber erforderte viele materielle Vorbereitungen und auch technisch-künstlerische Fertigkeiten wie das Schaben, Glätten und Linieren der Pergamente, das Herstellen von Farben für die Tinten und Miniaturen, die Fabrikation von Garn, Schnüren und Bindfäden für das Einbinden, das Sägen und Hobeln der Buchdeckel usw. Damit er all diese Arbeiten allein und ohne Hilfe ausführen konnte, hatte jeder Mönch verschiedenstes Material und eine große Menge Handwerkszeug in seiner Zelle zur Verfügung. Und wollte er nicht monatelang mit nur einem einzigen Manuskript beschäftigt sein, mußte er kontinuierlich arbeiten, d. h. konkret bis zu sechs Stunden pro Tag. Einen Schritt in diese Richtung des Anfangs machen die Erneuerten Statuten, wenn sie erlauben, daß der Kreuzgangmönch sich mit Handarbeit in der Zeit zwischen Terz und Vesper, also von etwa 10 Uhr bis 15 Uhr, beschäftigt (5. 3.).

Der Mönch soll von seiner Hände Arbeit leben, sagt mit Recht der hl. Benedikt. Das ist *ein* wichtiges Argument für die rentable Beschäftigung des Kreuzgangmönches in der Zelle, ein *zweites* ist dieses: Jahrhundertelange Erfahrungen und insbesondere die Erfahrung unserer Zeit haben überzeugend gezeigt, daß eine Beschäftigung, „um sich zu entspannen", nicht entspannt. Für eine wirkliche Entspannung braucht ein normaler Mensch eine nützliche Arbeit. Das Wort kommt übrigens in den Schriften von Dom Guigo ständig vor. Er selbst war zugleich ein ausgezeichneter Schriftsteller und auch Künstler – Schriftsteller allerdings nur aus der Not heraus und wider Willen, denn er ließ sich lange bitten, bevor er die „Gewohnheiten" redigierte; seine Kunstfertigkeit ist uns bis heute in einer bemerkenswerten Tischlerarbeit erhalten geblieben.

– Nun gibt es im 20. Jahrhundert keine Manuskripte mehr, die abzuschreiben sich lohnten.

– Das mag stimmen, aber auch nur zum Teil. Ich kenne einen Mitbruder, der sich auf das Einbinden alter und wertvoller Handschriften spezialisiert hat. Bibliotheken der ganzen Umgebung schätzen seine Arbeit. Ein anderer fertigt Kleinmöbel, Tische, Schränkchen und Kommoden, die er kunstvoll mit Intarsien dekoriert. In Vedana hatte ich einen Confrater, der zeichnete und malte, skulptierte und töpferte. Der Prior von Pleterje in Jugoslawien hat einen ganzen Katalog von gewinnbringenden Tätigkeiten aufgestellt, denen der Kreuzgangmönch nachgehen kann, ohne gegen die Einsamkeit und seine kontemplative Berufung zu verstoßen. Ganz zu schweigen von den tausend Möglichkeiten, die der Zellengarten bietet! Daß es Blumen in ihm gibt, ist sicherlich wichtig, aber es sollte das Gemüse nicht fehlen.

– Wer Sie kennt, weiß, daß Sie ein zu nüchterner Realist sind, um nicht auch Gefahren und Probleme zu sehen, die sich im näheren oder weiteren Zusammenhang dieser Konzeption von Arbeit auftun.

– Sicherlich, es gibt Probleme und auch Gefahren! Nicht alle sind Künstler oder Handwerker, nicht alle haben Geschick im Garten. Viele Arbeiten, die auf den ersten Blick für unser Leben in der Einsamkeit geeignet zu sein scheinen, wie z. B. die Datenverarbeitung für Versicherungen und die Abrechnung für Krankenkassen, bringen uns unter einen gefährlichen Zeitdruck wie in eine ebenso gefährliche Abhängigkeit von der Außenwelt. Eine andere Gefahr ist, in einen Industrie- und Wirtschaftsgeist zu verfallen, dem positive Bilanzen wichtiger als Gebet und Betrachtungen sind. Ich sehe diese Gefahren, ich sehe auf der anderen Seite aber auch den Gewinn – und der überzeugt: Die nützliche Arbeit ist ein uns von der Vorsehung geschenktes Mittel, uns körperlich und geistig gesund zu erhalten.

– Die neue Bewertung der Arbeit zeigt die Möglichkeit von Entwicklungen im Orden an. Gab es in den fünf Jahrzehnten Ihrer Ordenszugehörigkeit noch weitere Veränderungen?

– Ja, vor allem in den letzten Jahren in der Folge des Konzils hat eine beachtliche Entwicklung stattgefunden, die aber ganz und gar nicht als Aufweichung unserer 900 Jahre alten Tradition mißverstanden werden darf. Um nur einige Beispiele zu nennen: 1. Liturgisch wurde einiges vereinfacht. So werden alle Lesungen in der Landessprache vorgetragen und nicht mehr in Latein. Im Unterschied zu vielen anderen Orden aber halten wir am lateinischen Choral fest. – 2. Der Orden ist – und es ist dies ein entscheidender Schritt „zurück zu den Quellen" – demokratischer geworden. Prioren werden z. B. nicht mehr wie früher von der „Großen Kartause" bestimmt, sondern in jedem Fall vom jeweiligen Konvent gewählt. Der frei Gewählte tut sich nicht nur leichter mit der ihm bekannten Kommunität, die Kommunität ihrerseits hat auch weniger Schwierigkeiten, den von ihr mehrheitlich Gewählten als ihren von Gott geschenkten Oberen zu akzeptieren. Was und wie ein Oberer zu sein hat, bringt gut die Devise zum Ausdruck, die in Montrieux, wo ich Prior war, auf meiner Zellentür stand: „Magis prodesse quam praeesse"! Danach soll ein Oberer mehr nützen als vorstehen! – 3. Ein bemerkenswerter Wandel hat sich des weiteren im Verhältnis von Patres und Brüdern vollzogen. Seit dem Konzil erscheinen wir auch äußerlich viel deutlicher als die eine Familie, die wir am Anfang des Ordens waren und in Wirklichkeit ja auch sind. Um nur zwei „Äußerlichkeiten" zu nennen: In der

Kirche wurde der hohe Lettner beseitigt, der viele Jahrhunderte hindurch Patres und Brüder voneinander trennte. Wenn heute ein Bruder die Offizien mitsingen will, kann er sich gerne unter die Patres mischen, was einige jüngere Brüder auch regelmäßig tun. Heute auch essen wir an Sonn- und Feiertagen nicht mehr getrennt in zwei verschiedenen Refektorien, sondern gemeinsam in nur einem.

– In den Brüdern geben Sie mir ein Stichwort, das ich ohnedies ansprechen wollte. Trotz dieser aufgezeigten Veränderungen wirkt die Unterscheidung zwischen Patres und Brüdern auf Außenstehende immer noch wie eine Klassifizierung von Voll- und Halbmönche.

– Tatsächlich kann bei Außenstehenden, die unsere Welt nur oberflächlich kennen, der Eindruck entstehen, als wären die Brüder die Diener der Patres. In Wirklichkeit aber handelt es sich bei beiden um zwei unterschiedliche Berufungen, besonders was die Einsamkeit betrifft. Während die einen sich betend und meditierend in ihrer Zelle verborgen halten, widmen die anderen sich stärker der Handarbeit. Wer wo seinen Platz findet, entscheiden mit die Herkunft, die Erziehung, die Ausbildung, besonders aber die natürliche Veranlagung. So gibt es im Orden eine Reihe von Brüdern, die die Voraussetzungen zum Priestertum erfüllen, die es aber vorgezogen haben, Brudermönch zu werden. In keinem Falle handelt es sich bei Patres und Brüdern um eine Klassifizierung. Wir sind alle Brüder, jeder an seinem Platz und in seiner Rolle. Die einzig gültige und entscheidende Einteilung wird der Herr vornehmen. Und sein Kriterium wird die Liebe sein. Für ihn wird der liebste und wertvollste Mönch der gewesen sein, der am meisten geliebt hat; ob jemand Pater oder Bruder war, wird ihn nicht interessieren.

– In Gesprächen erlebe ich oft, daß man über beschauliche Klöster im allgemeinen und über die Kartäuser im besonderen den Kopf schüttelt.

– Daß unser Ideal in einer Zeit, in der hauptsächlich der kontrollierte Gewinn und die nachprüfbare Wirkung zählen, auf Kritik stößt, darf nicht verwundern. Dieses Unverständnis schmerzt uns, ja stellt uns zuweilen in Frage. Im Glauben aber wissen wir, daß unser Leben in dem Maße fruchtbar ist, in dem wir getreu der Heiligen Schrift und den Statuten folgen. Neben vielen Skeptikern gibt es allerdings auch viele andere, die von unserem Leben tief beeindruckt sind. Als Prior durfte ich erleben, wie Besucher der Kartause immer wieder von der Atmosphäre des Friedens und der Zufriedenheit angetan waren. Fast täglich bat man mich brieflich oder telefonisch um unser Gebet. Und das ist hier in der „Marienau" nicht anders als in Montrieux! P. Prior, P. Prokurator und Br. Pförtner werden Ihnen bestätigen, daß die Kartause viele Freunde hat – und nicht nur in Oberschwaben.

– Ein Kartäuser lebt, um zu beten, ein Leben lang, doch nichts scheint sich zu ändern. Im Gegenteil, das Böse in der Welt wird mächtiger von Tag zu Tag.

– Damit sprechen Sie eine schwierige Frage an, auf die ich Ihnen einzig mit einem Wort unseres Herrn antworten kann: „Wer bittet, der empfängt ..."! Der Kartäuser ist ein für die Welt Bittender. Ob und wie sein Gebet erhört wird, erfährt er nur höchst selten, wenn nicht gar nie. Im geistlichen Leben darf man nicht anfangen aufzurechnen. Gott zählt und mißt nicht wie ein Bilanzbuchhalter. Es stimmt zwar, daß die Kirchen bei uns im Abendland leerer werden, es stimmt aber auch, daß das Christentum in Afrika und Asien blüht. Könnte diese neu erwachte Frömmigkeit in der Dritten Welt nicht Frucht unseres Opferns und Betens sein? Wir haben das Versprechen des Herrn, daß keine Bitte unerhört bleibt. Wo und wie er unsere Gebete einbringt, werden wir erst am Ende in der Ewigkeit erfahren. Daß sie eine Wirkung haben, daran zweifle ich nicht!

– Sich ein Leben lang mit leeren Händen, d. h. ohne sichtbaren Erfolg, zufriedenzugeben, und das trotz eines hohen Einsatzes, fiel zu allen Zeiten schwer, bedrückt heute in unserer leistungsorientierten Welt aber besonders. Hat der Orden Zukunft?

– Im Unterschied zu einigen Mitbrüdern bin ich optimistisch. Wenn wir getreu der Regel unserer Väter leben, wird es immer wieder junge Menschen geben, die sich für das Kartäuserideal begeistern. Die gegenwärtige Situation scheint mir recht zu geben. In den 70er Jahren gab es viele Exklaustrationen und fast keine Neueintritte. Im Augenblick dagegen haben wir in vielen Häusern ein blühendes Noviziat, mit Novizen und Jungprofessen, die uns hoffen lassen. Nehmen Sie konkret die „Marienau"! Die Zahl der Interessierten ist in den letzten Jahren stark gestiegen. Im Durchschnitt kommen jährlich etwa 30–40 vorbei, um sich zu informieren. Eingetreten sind davon in drei Jahren rund ein Dutzend. Einige sind schon weggegangen, andere werden noch gehen, mit Gottes Hilfe werden aber auch einige bleiben. Wenn wir treu sind, werden wir Zukunft haben!

– Wäre der Nachwuchs nicht auch dadurch zu fördern, daß man im Hinblick auf den durch Luxus, Konsum und Medien veränderten Menschen zu Konzessionen in puncto Einsamkeit, Fasten und Nachtwachen bereit wäre?

– Ich würde für keine Erleichterung plädieren. Unter den Orden in der Kirche muß es wenigstens einige wenige Einrichtungen geben, die das kontemplative Ideal konsequent leben. Interessanterweise haben Orden und Kongregationen, die in der Frage des Nachwuchses auf Erleichterungen setzten, ihre Situation ganz und gar nicht positiv verändern können. Ich habe zwar nur wenig Kontakt mit unseren Novizen und Jungprofessen, aber so viel konnte ich in Erfahrung bringen, daß sie die Regel unter keinen Umständen verändert sehen wollen. Nicht wenige gaben an, daß es gerade die Konsequenz unseres Ordens war, die sie zum Eintritt bewegte.

– Welchen guten Rat würden Sie den Jungen im Orden am Anfang ihres Weges durch die „Wüste" geben wollen?

– Nur diesen einen Gedanken: Man kann in der Kartause nur glücklich werden, wenn man versucht, ein hundertprozentiger Kartäuser zu sein. Der vormalige Trappistengeneral sagte einmal: „Man kann Mönch sein, oder man kann es nicht sein! Aber wenn man es ist, soll man es ganz sein"!

– Fünfzig Jahre lang haben Sie sich Gott als dem wichtigsten Thema Ihres Lebens gewidmet. Was können Sie von IHM sagen?

– Gott ist für mich die Wirklichkeit schlechthin. Diese Wirklichkeit war nie ein Problem für mich. Im Laufe von fünfzig

Jahren hat sich die Beziehung zu IHM vertieft, allerdings ohne daß ich mehr über IHN aussagen könnte. Im Gegenteil, das Mysterium ist größer geworden.

– Was macht Sie in der Gottesfrage so sicher?

– Mein Leben! Mein Leben ist ein einziger Gottesbeweis. Im nachhinein erkenne ich, daß die göttliche Vorsehung mich wunderbar geführt hat, diskret und mit Feingefühl. Im Französischen haben wir das Sprichwort: „Dieu se joue des causes secondes!" Frei übersetzt, besagt es, daß Gott in unserem Leben am Werk ist, doch nicht in der Weise, daß Er uns an der Hand nimmt und auf direktem Weg dem Ziel zuführt, sondern vorsichtig und behutsam durch Gegebenheiten, Ereignisse und Menschen. Um uns nicht in unserer Freiheit zu beeinträchtigen, „gebraucht" Er diese sogenannten „Zweitursachen", wie wenn Er mit ihnen „spielte" – einmal als freudiges, ein andermal als trauriges Ereignis, einmal als frohmachende, ein andermal als deprimierende Begegnung, in buntem Wechsel und so lange, bis Er sein Ziel erreicht hat. Es fällt nicht immer leicht, in dem Geschehen um uns herum die Hand Gottes zu erkennen, doch wir dürfen gewiß sein, daß sie sich in ihm verbirgt und eine liebevolle Hand ist – gegen allen äußeren Schein.

– In der öffentlichen Meinung verbinden sich mit dem beschaulichen Leben in der Einsamkeit gerne Vorstellungen von Visionen, Ekstasen und besonderen Gotteserfahrungen.

– Ich kann mir vorstellen, daß unser Leben manchen zu mannigfachen Spekulationen veranlaßt. Dazu bleibt grundsätzlich anzumerken: Auch der Kartäuser schöpft sein Wissen über Gott in der Hauptsache aus der Offenbarung des Alten und des Neuen Testamentes und nicht aus irgendwelchen Privatoffenbarungen. Bei Ekstasen, Visionen und Gesichtern ist Vorsicht geboten. Ein Kartäuserleben ist wesentlich ein Leben aus dem Glauben. Gott kann sich Menschen zwar auf besondere Weise „zeigen", wie z. B. Mose, Elija, Jesaja im Alten Testament, doch sind solche Fälle höchst selten. In keinem Fall darf die Hoffnung auf besondere Gotteserfahrungen Motivation für einen

Eintritt in unseren Orden sein. Die Einsamkeit kann den Menschen zwar sensibler für die göttliche Dimension in der Schöpfung machen, auch kann sie ihm helfen, die Heilige Schrift in ihrer Tiefendimension zu verstehen, immer aber bleibt der Glaube der entscheidende Weg und Zugang zu Gott – auch in der Kartause.

– Fünfzig Jahre nun schon versuchen Sie ein Leben der engen Partnerschaft mit Gott zu führen. Wie würden Sie es charakterisieren, wenn Sie es umschreiben sollten?

– Unser Leben mit Gott, das des Kartäusers wie auch das des Christen in der Welt, gleicht einem Bergbach, der auf weiten Strecken seines Weges zum Tal in unterirdischem Dunkel dahinfließt, zwischendurch aber immer wieder ans Tageslicht durchbricht. In unserer Beziehung zu Gott gibt es Phasen großer Dunkelheit, aber auch Perioden hellen Lichts, was das Gefühl betrifft, Zeiten des überschäumenden Gefühls wie auch größter Trockenheit. Wichtig ist, sich bewußtzumachen, daß Gott in allen unseren Stimmungen da ist, auch und gerade dann, wie die geistliche Erfahrung lehrt, wenn alle Gefühle schweigen. Ein gefühlloses „Ich glaube an DICH, ich hoffe auf DICH, ich liebe DICH"!, mit letzter Kraft in dunklem Glauben gestammelt, gefällt Gott mit Sicherheit nicht weniger als ein sich überschlagendes „Halleluja!" an einem Glaubensfesttag. Ein Leben der Partnerschaft mit Gott meint genau dieses: Unabhängig von jedem Hoch oder Tief den Dialog mit IHM pflegen, d.h. mit IHM lachen und weinen, plaudern und schimpfen, sich freuen und sich langweilen, zuweilen auch zusammen schweigen. Nur eines wird diese Partnerschaft ruinieren: IHN in Frage stellen, IHN nicht ernst nehmen, an IHM zweifeln.

– Wenn Sie die fünfzig Jahre Kartause überschauen, welches waren die schwersten Jahre?

– Das Leben in der Einsamkeit hat in jeder Phase seine spezifischen Schwierigkeiten. Schwer fällt der Anfang, bis der Körper sich umgestellt und die Seele sich eingewöhnt hat. Wer keine Geduld mitbringt, reist meist nach acht Tagen schon wieder ab.

– Und hat der Weg in der Feierlichen Profeß nach sieben Jahren seinen Gipfel erreicht, beginnt ein langer Alltag von 20, 30 und mehr Jahren. Hier gilt das Wort: Nicht selten fällt eine einmalige Heldentat leichter als lebenslange Treue im Kleinen. – Mich nun holt so langsam das Alter ein. Noch habe ich keine ernstliche Last mit den Nachtwachen. Am Morgen möchte ich wohl etwas länger liegen, aber noch geht es gut. Schwerer fällt mir dagegen das Fasten am Freitag bei Wasser und Brot. Ich merke, wie der Körper insgesamt schwächer wird, wie Herz und Kreislauf weniger stabil sind. Nicht ohne Grund befreit die Kirche ihre Gläubigen ab dem 60. Lebensjahr vom Fastengebot. Auch ich werde demnächst um Dispens bitten.

– Ein Satz in der berühmten Bulle „Umbratilem" von Papst Pius XI., nach dem die Kontemplativen „weit mehr" als die in der aktiven Seelsorge Tätigen „zur Ausbreitung der Kirche und zum Heil aller Menschen" beitragen, provoziert mich bis heute.

Man darf „Umbratilem" nicht für das Evangelium halten. Zweifelsohne ist die Kartäuserberufung eine schöne Berufung, aber nur eine von vielen. In der Kirche gibt es die verschiedensten Charismen und im mystischen Leib viele Glieder. Alle sind sie wichtig. Den Theologen, die die Kontemplativen als das lebenspendende Herz der Kirche ansehen, möchte ich zu bedenken geben, daß das Herz keine Chance hat zu überleben, wenn nicht die Hände, der Mund, der Magen und viele andere ihm zuarbeiten. Man muß sich hier vor einer falschen Idealisierung hüten. Vor Gott zählt letztlich nicht die Lebensart, sondern die Liebe, mit der ein Leben gelebt wird. Jeder soll dort, wo er gerade steht, voll und ganz dasein und wirken. Vielleicht haben wir als Ordensleute und besonders als Kartäuser mehr Möglichkeiten, zu Gott emporzusteigen und mit IHM vereinigt zu werden. Man kann dieser Gnade aber auch mehr oder weniger treu sein. Auch wir Kartäuser sind in Wirklichkeit nur Menschen, um es ganz deutlich zu sagen, armselige Typen, die sehr weit von dem entfernt sind, was sie eigentlich sein sollten.

– Nichtsdestotrotz dürfen Sie sich am Ende von fünfzig Jahren Kartause sagen, einen guten Kampf gekämpft und die Treue gehalten zu haben, wofür Ihnen nach der Heiligen Schrift schon jetzt der Kranz der Gerechtigkeit bereitliegt (vgl. 2 Tim 4,7). Welche Gedanken und Gefühle bewegen Sie, wenn Sie an den Tod denken?

– Ob ich einen guten Kampf gekämpft habe, kann Gott nur allein beurteilen. Ich denke jeden Tag wenigstens zweimal an den Tod, jedesmal beim Zubettgehen, am frühen Abend und in der Nacht nach dem Nachtoffizium, aber ich empfinde weder Angst noch Freude. Ich hoffe, ja ich bin voll Vertrauen, daß Gott mir die Gnade des Fegefeuers gewährt, wo er mich reinigt, damit ich ihm hinterher gegenübertreten kann, um ihn zu schauen, diesmal nicht mehr nur im Glauben wie hier auf der Erde, sondern in Unmittelbarkeit. So mutig wie ein Bruder in der „Valsainte" bin ich nicht. Als P. Prior ihn in seiner Todkrankheit ermutigte, die augenblicklichen Schmerzen doch mit mehr Geduld zu ertragen, damit sie auf die Zeit des Fegefeuers „angerechnet" werden könnten, meinte er, das Fegefeuer sei die Kartause gewesen, er hoffe auf den direkten Eintritt in den Himmel.

Ohne ihn, meinen väterlichen Freund, hätte dieses Buch nicht geschrieben werden können. Er hat mir nicht nur die Türen von wenigstens einem halben Dutzend Kartausen geöffnet und den Kontakt mit vielen seiner Mitbrüder ermöglicht, mehrmals auch hat er mich ermutigt weiterzumachen und mich mit seiner Kritik von Seite zu Seite begleitet. Ihm sei daher am Ende aufrichtig gedankt und zum Festtag des 50. Profeßjubiläums herzlich gratuliert.

II.

WAS MAN ÜBER DIE KARTÄUSER WISSEN SOLLTE

1. Wichtiges kurz belichtet

Ein Tal als Namensgeber

Den *Namen* hat ihnen die Bergwildnis „Chartreuse“ gegeben, in welche Bischof Hugo von Grenoble den Magister und Kanoniker Bruno von Köln und sechs Gefährten im Jahre 1084 hineingeleitet, damit sie hier ihrem eremitischen Ideal leben. Aus „Chartreuse“ wird unter Zuhilfenahme des lateinischen „Cartusia“ das deutsche „Kartause“, die daran anknüpfende Ableitung „Kartäuser“ ist so selbstverständlich wie die der Camaldulenser von Camaldoli, der Zisterzienser von Cîteaux, der Trappisten von La Trappe und vieler anderer Orden und Kongregationen.

Die „Große Kartause“ im Chartreuse-Massiv nördlich von Grenoble – Wiege und Stammkloster des Kartäuserordens

Patres und Brüder – eine Berufung, zwei Lebensweisen

– Von Anfang an gehören dem Orden *Patres* und *Brüder* an. Während erstere mehr Zeit für Gebet und Betrachtung aufbringen und der Einsamkeit stärker verpflichtet sind, widmen sich letztere neben dem Gebet stärker der Handarbeit. Beide ergänzen sich wie eine Hand die andere. Wie die Patres ihrem Ideal nicht ohne die Dienste der Brüder leben können, so die Brüder nicht ohne die geistliche und seelsorgerliche Betreuung der Patres. „Alle sind in gleicher Weise Mönche und haben demgemäß Anteil an der gleichen Berufung, nur unter verschiedenen Formen" (Erneuerte Statuten 11.1.).

Mönche und Nonnen

– Schon 1145, sechzig Jahre nach dem Anfang, bitten *Frauen* darum, sich dem Orden anschließen zu dürfen. Mit Rücksicht auf die weibliche Natur und das weibliche Temperament folgen sie einer Regel, die der der Mönche zwar weitgehend angepaßt, in puncto Einsamkeit und Fasten aber gemildert ist. Seit 1971 allerdings versuchen wenigstens zwei Frauenkonvente in Frankreich und Italien, das Kartäuserideal in seiner vollen Härte zu leben, wie es aussieht, mit Erfolg.

Straff geführt

– An der Spitze des *Ordens* steht als *General** der Prior der „Großen Kartause". Um ihn versammeln sich alle zwei Jahre die Oberen der anderen Kartausen zum Generalkapitel, um sich über alles, was den Orden angeht, zu beraten. Alle zwei Jahre auch wird jedes Kloster von zwei *Visitatoren* auf seine Regeltreue und damit auf seinen Eifer hin „kontrolliert". Generalkapitel wie Visitatoren haben wesentlich mitgeholfen, das Ideal der Vorfahren treu zu bewahren.

Der einzelnen *Kartause* steht – von der Klostergemeinschaft gewählt – „als gemeinsamer Vater" (21.4.) der *Prior* vor. Ihm assistieren der *Vikar* als Stellvertreter, der *Prokurator* als Ökonom mit der Verantwortung für die Brüder und der *Novizenmeister*, dem der Nachwuchs

* Eine unglückliche und gänzlich untaugliche Bezeichnung, weil sie an militärische Strukturen denken läßt. In Wirklichkeit versteht sich der Kartäusergeneral als Diener aller (lat. minister generalis). Wie alle Prioren ist auch er dem Generalkapitel verantwortlich, kann von diesem also abberufen werden.

anvertraut ist. – Gleich verwaltet werden die Frauenklöster, einzig, daß ihnen für die seelsorgerlichen Dienste zwei Patres zur Verfügung stehen, ein Vikar und ein Coadjutor.

Nie reformiert, weil nie deformiert

– Bruno († 1101) hat selber keine *Ordensregel* verfaßt, erst Guigo, der fünfte Prior der „Großen Kartause“, schrieb 1127 die sog. „Gebräuche der Kartäuser“ nieder. Obwohl sie die großen richtunggebenden Prinzipien kartusianischer Existenz formulierten, mußten sie in den nachfolgenden Jahrhunderten mehrfach ergänzt und den Zeitverhältnissen angepaßt werden. Eine letzte Anpassung wurde nach dem Zweiten Vatikanum notwendig. Die vom Generalkapitel 1971 veröffentlichten „Erneuerten Statuten“ (1.1. – 35.8.) sind eine tiefgreifende Überarbeitung der „Statuta Ordinis Cartusiensis“ von 1926, „jedoch ohne jede Aufweichung oder Milderung der Ordenszucht“ (Blüm in: Zadnikar, S. 39).

Ein langer Weg der Erprobung

– Wer sich dem Orden als Kreuzgang* oder Brudermönch, als Chor- oder Konversschwester anschließen will, hat bis zur endgültigen Anbindung in der Feierlichen Profeß wenigstens sieben Jahre Zeit, sich zu prüfen. Sieben Jahre, in denen er langsam das selbständige Gehen in der Einsamkeit lernt, zunächst fünf Jahre als *Novize* und *Jungprofeß* unter der Leitung eines geistlichen Führers, dann aber, in zwei weiteren Jahren, eigenverantwortlich in bloßer Anbindung an die *Großprofessen.* Für gewöhnlich nimmt man keine Novizen auf, die das 20. Lebensjahr noch nicht erreicht haben; einer besonderen Erlaubnis des Generalkapitels oder des Reverendus Pater bedürfen Aspiranten nach vollendetem 45. Lebensjahr (8.4.). Wer Kreuzgangsmönch werden will, muß das Abitur oder ein gleichwertiges Abschlußzeugnis nachweisen, bei Brüderaspiranten ist eine abgeschlossene Lehre erwünscht. Jene wie diese aber sollen nur das eine Ziel anstreben, sich völlig und ausschließlich der Gottsuche hinzugeben.

---

* Terminus technicus ist im Französischen „moine de cloître“. Er betont in richtiger Akzentuierung das Wohnen am Großen Kreuzgang mit seiner größeren Einsamkeit und Stille als entscheidendes Charakteristikum der Patres gegenüber den Brüdern. Ganz und gar nicht der mönchischen Tradition gerecht wird die Differenzierung zwischen „Priestermönch“ und „Brudermönch“, die das Priestertum als Wesensunterschied zwischen beiden Gruppierungen unterstreicht.

2. Die Kartause – eine weitläufige „Klosterstadt“

Kartausen sind kleine Städte für sich, mit einem Labyrinth aus Wegen, Gäßchen und Gängen, mit hohen und niedrigen Gebäuden, mit engen und weiten Plätzen. Trotz örtlicher Unterschiede hinsichtlich der Lage, der Größe und der Stilmerkmale gleichen sie sich doch alle in ihrer Grundstruktur, die hier am Beispiel der deutschen Kartause „Marienau“ (erbaut zwischen 1962 und 1964) erläutert sei (vgl. Abb.):

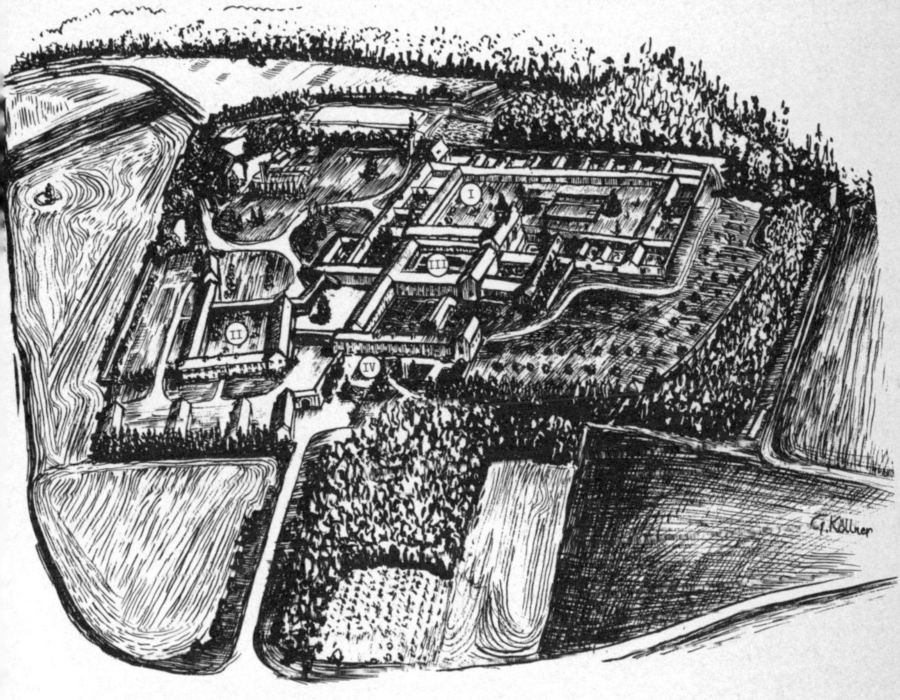

Die Kartause „Marienau“ von Westen her gesehen. Dem Großen Kreuzgang im Osten mit den Zellen für die Priestermönche (I) entspricht im Nordwesten der Gebäudekomplex für die Brüdermönche (II). Die für die Patres wie Brüder gemeinsamen Gebäude (Refektorium, Bibliothek, Kapitelsaal und Kirche) liegen am Kleinen Kreuzgang (III). Eine 1250 Meter lange und 2,50 Meter hohe Mauer, in die das Pforten- und Gästegebäude integriert ist (IV), schützt die Klosterstadt vor der Welt.

I. Was Kartausen von anderen Klöstern unterscheidet und so interessant macht, ist vor allem der Große Kreuzgang, hier ein rechteckiges Geviert von 100 Meter Länge und 60 Meter Breite, an das sich in regelmäßigem Abstand 26 Zellen bzw. Einsiedeleien für die Patres oder Kreuzgangsmönche anlehnen (s. u.). In seinem Innern liegt, von einem großen Kreuz überragt, der Klosterfriedhof, für die zur Kirche ziehenden Einsiedler zugleich Erinnerung an die Toten wie auch an den eigenen Tod.

II. Diesem einsamsten, von größter Stille durchdrungenen Klostertrakt im Südosten, der sein Vorbild in der morgenländischen Laura frühchristlicher Eremiten haben dürfte, entspricht auf der Gegenseite, im Nordwesten, ein zweistöckiger Gebäudekomplex aus drei langgezogenen Flügeln, die eine Holzbrücke im Osten zu einem Viereck zusammenschließt. Hier, jeweils im Obergeschoß, wohnen in zimmerartigen Zellen (s. u.), einzeln und allein, die Brüdermönche; im Erdgeschoß, darüber hinaus in umliegenden Gebäuden, Schuppen und Garagen sind die von ihnen verwalteten Arbeits- und Werkstätten (= Obedienzen) untergebracht. Geistiger Mittelpunkt dieses zweiten Traktes ist eine Kapelle am Ende des verlängerten Nordflügels.

III. Zwischen beiden, die Einsamkeit betonenden Gebäudekomplexen liegen – an einem Kleinen Kreuzgang, dem sog. „Kleinen Galiläa" – die vom benediktinischen Claustrum her bekannten vier Gemeinschaftsräume, in denen die Klostergemeinde regelmäßig zusammenkommt und sich als Einheit erfährt: 1. das Refektorium, in dem Patres und Brüder an Sonn- und Feiertagen mittags gemeinsam das Essen einnehmen; 2. die Bibliothek, die geistige „Speisekammer", die seit alters her in keinem Kloster fehlt; 3. der Kapitelsaal, in dem man sich wöchentlich zur Unterweisung, Beratung und Abstimmung versammelt, und 4. schließlich – an ihrem hölzernen Dachreiter als Herz der Gesamtanlage erkennbar – die Kirche, in der man täglich zum Gebet zusammenkommt.

IV. Diesen drei Gebäudekomplexen, die das eigentliche Kloster ausmachen, ist im Westen – einem Schutzwall gleich – ein langgezogenes, zweistöckiges Gebäude vorgelagert. In ihm sind außer der Pforte vor allem Gästezimmer untergebracht. Speziell die südliche Hälfte des Baus mit einer hochaufragenden Kapelle als Abschluß ist so angelegt, daß sie nur von außen, durch einen kleinen vorgelagerten Garten, zugänglich ist. Hier, außerhalb der Klausur, wohnen die Familienangehörigen der Mönche während ihres zweitägigen Jahresbesuches.

Ausgehend von dem Pforten- und Gästetrakt umgibt die „Klosterstadt" rundum eine 1250 Meter lange und 2,50 Meter hohe Betonmauer. Diese ihrerseits versteckt sich auf drei Seiten wenigstens hinter einem hohen Tannenwald, der nichts als den hölzernen Dachreiter freigibt, und das auch nur im Süden und Westen. Hier, in doppeltem

Schutz vor der Welt, leben auf einer Fläche von rund 10 Hektar gegenwärtig etwa 35 Männer das kartusianische Ideal der harmonischen Verbindung von Eremitentum (griech. éremos = einsam) und Zönobitentum (griech. koinós = gemeinsam), d.h. als Einsiedler mit regelmäßigen Kontakten zur Klostergemeinschaft.

Da die von Mönchen bewohnten Kartausen nicht besucht werden können, sind Interessierte auf die ehemaligen Klöster in Buxheim (bei Memmingen/Allgäu, ca. 30 km von der Kartause „Marienau“ entfernt), Ittingen (Schweiz), Mauerbach und Caming (beide Österreich) verwiesen, wo die Klosteranlagen noch sehr gut erhalten sind.

3. Die kleine Welt des Kreuzgangmönches

Jene Einsamkeit, in der er Gott allein leben kann, findet der Kreuzgangmönch in seiner Zelle (griech. kéllion bzw. kellía; lat. cella = Gemach, bes. Aufenthaltsort des Mönchs), einem kleinen Häuschen mit Garten. Am Großen Kreuzgang gelegen, weitab „von den Geräuschen der Welt wie des eigenen Hauses“ (3.1.), und auch gegen die Klausen der Nachbarn so abgeschirmt, daß sie von nirgendwoher eingesehen werden kann, wird sie zu einem Flecken realer Wüsteneinsamkeit. Abgesehen von geringen Unterschieden, gleicht sie in Aufbau, Größe und Ausstattung allen anderen, in welcher Kartause auch immer, auch wenn sie wie in der „Marienau“ nur eingeschossig angelegt ist (vgl. Abb.):

Eine Patreszelle in der deutschen Kartause „Marienau“

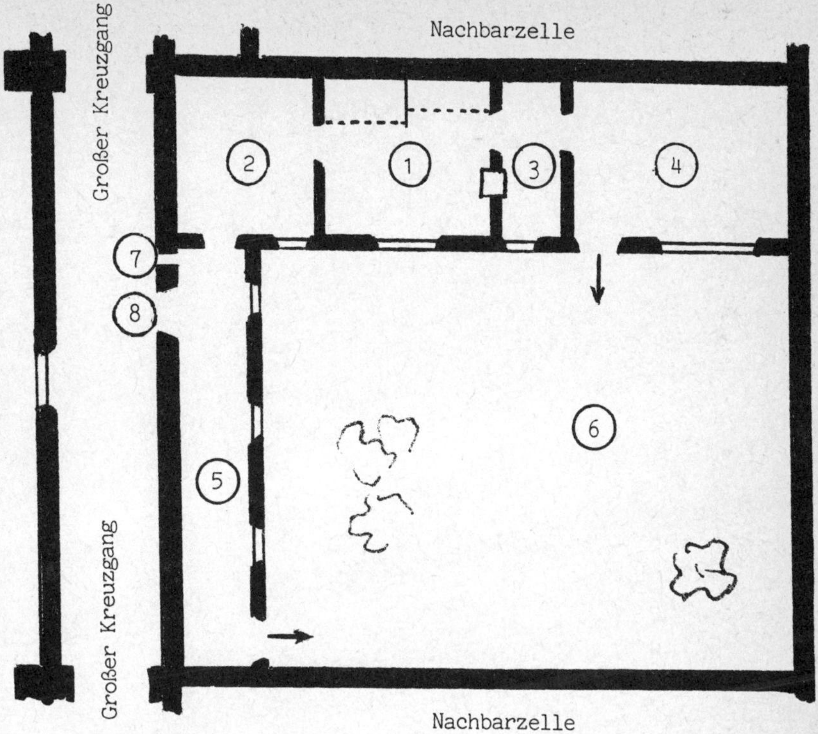

Zeichnung: Inge Bösen

Aufriß einer Patreszelle:

① „Cubiculum"
② „Ave Maria"
③ Dusche/WC
④ Werkstatt/Holzlager
⑤ Wandelgang
⑥ Garten
⑦ Schalter bzw. Durchreiche
⑧ Zelleneingang

① Die meiste Zeit des Tages verbringt der Mönch im sog. „Cubiculum"; hier wohnt und schläft, betet, studiert und ißt er. Es ist ein einfaches, aber nicht ungemütliches Zimmer, obwohl es außer Bett und Betstuhl nur noch Tisch, Stuhl und Bücherregal enthält. Im Winter kann es vom benachbarten Waschraum aus beheizt werden.

② Dem Wohn- und Schlafzimmer ist das sog. „Ave Maria" vorgelagert, ein einfacher, schmuckloser Raum nur, in dem der Mönch jeweils kurz vor einem Marienbild anhält und ein „Gegrüßet seist du, Maria!" rezitiert. Früher Küche, in der sich der einzelne an Wochentagen selber seine Mahlzeiten zubereitete, wird dieses „Vorzimmer" heute gerne als Werkstatt für „kleinere Arbeiten" genutzt, als Buchbinderei, Druckerei, Töpferei, Malerwerkstatt oder als Skulpturatelier u. ä.

③ Dem „Cubiculum" auf der Gegenseite benachbart ist ein Dusch- und Waschraum mit Toilette. Wie die ganze Kartause ist er einfachst ausgestattet, ungefliest und ohne jeden Luxus.

④ Der letzte und größte Raum des Zellentraktes dient als Werkstatt und Holzlager. Je nach Fähigkeit und Neigung kann der Mönch sich hier handwerklich betätigen (da viele sich auf die Verarbeitung von Holz verstehen, gibt es in fast allen Werkstätten eine Hobel- oder Drehbank mit entsprechendem Handwerkszeug), in jedem Falle aber wird er hier viele Stunden mit der Aufbereitung seines Brennholzes für den Winter verbringen, welches Brüder ihm in großen Scheiten und dicken Stämmen durch eine Luke in den Garten geschoben haben.

⑤ Die Möglichkeit, sich bei schlechtem Wetter und im Winter zu ergehen, zu bewegen und spazierend zu erholen, bietet dem Mönch ein Wandelgang mit Blick auf den Garten.

⑥ Zu jeder Zelle gehört ein Garten, zwischen 100 und 150 Quadratmetern groß. Seine Gestaltung ist dem einzelnen Mönch überlassen, sei es als Gemüse- und Nutzgarten, sei es als Park mit Rasen und Teich, sei es als natürliches Biotop. Der Autor von „Wo die Wüste erblüht", bei dem es sich entgegen der Verlagsangabe nicht um einen Kartäuser, sondern um einen ehemaligen Trappistenabt handelt, rät mit feinem Gespür für die Bedeutung dieses Fleckens Erde: „Laß ihn nicht unbebaut ... Die bunten Blumen sind ein Fest für die Augen des Herzens. Du wirst dort sehen, was der moderne Mensch nicht bemerkt, daß der Schöpfer selbst an der Arbeit ist ... Der Garten läßt dich deine Zelle lieben ..." (S. 110).

⑦ Von nicht geringer Bedeutung ist schließlich eine unscheinbare Durchreiche neben der Zellentür. Hier findet der Mönch an Werktagen – von Brüdern serviert – sein Essen; hier auch wird man ihm deponieren, worum er an Notwendigem – ein Buch, ein Handwerkszeug oder sonst etwas – per Kurzbrief gebeten; denn „der Zellenbewohner achte mit Fleiß und Sorgfalt darauf, keine Gelegenheit zum Verlassen der Zelle auszusinnen oder wahrzunehmen, außer jenen, die allgemein festgesetzt sind"(4.2.).

Diese kleine Welt verläßt der Kreuzgangmönch nur selten, werktags nur dreimal, um sich mit den Mitbrüdern in der Kirche zum gemeinsamen Gebet zu versammeln, sonntags etwas häufiger, dann auch zum gemeinsamen Essen im Refektorium und zur gemeinsamen Erholung im Klostergarten. Der Entspannung dient ein 4stündiger Spaziergang in der nahen Umgebung des Klosters einmal in der Woche.

Das Häuschen mit Garten entbehrt nicht einer gewissen Romantik. Doch der Schein trügt. Die schönste Zelle wird zu einem unerträglichen Gefängnis, das seinen Bewohner ausspuckt, wenn es ihm nicht gelingt, Gott als Mitbewohner und Gesprächspartner zu gewinnen.

4. Das „Wirkdreieck“ des Brudermönches

Die „Welt“ des Brudermönches ist, obwohl auch innerhalb der Klostermauern gelegen, doch weniger eng und begrenzt und damit auch weniger einsam als die des Kreuzgangmönches. Außer der Zelle (1) umfaßt sie eine „Obedienz“ (= Werk- und Arbeitsstätte) (2) und die Kapelle – Kirche (3).

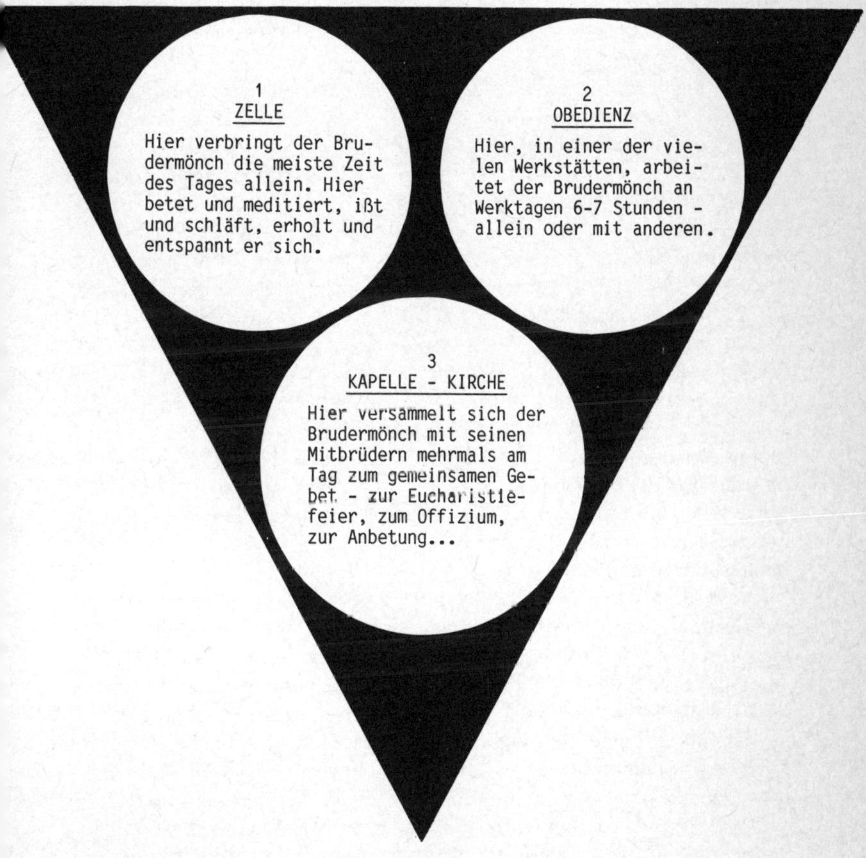

1. Sein Zuhause hat der Bruder in der *Zelle,* einem einfachen Zimmer mit Oratorium, Schlafstelle und Waschraum, das in der Ausstattung dem „Cubiculum" der Patres gleicht. Hier wohnt, schläft, ißt, liest, meditiert und betet er; mit Erlaubnis des Prokurators darf er sich hier auch mit kleineren Arbeiten beschäftigen. Beim Neubau der „Marienau" hat man die Brüderzellen durch Zwischengänge so voneinander getrennt, daß größtmögliche Stille garantiert ist. Gegenüber älteren Kartausen ist die Verbesserung nicht zu übersehen, doch wünschte man sich, daß man den Mut zu einem weiteren Schritt gefunden hätte. Wie z. B. die Kartäuserinnen von Reillanne in der Haute-Provence, die auch ihren Konversschwestern Zellen mit Gärten gebaut haben, ganz wie den Chorschwestern. Nach Auskunft des dortigen Vikars ist dies „eine neue und sehr gute Sache". Eine Zelle mit Garten, die durchaus um die Werkstatt verkürzt sein könnte, bietet nicht nur mehr Möglichkeiten der Entspannung und Erholung, sie verbessert auch die Bedingungen für Gebet und Betrachtung.

2. Wochentags – und teilweise auch sonn- und feiertags – führt die Arbeit die Brüder für mehrere Stunden hinaus aus der Zelle in die *„Obedienzen".* Eignung, Neigung und Bedarf helfen mitentscheiden, wer wo eingesetzt wird, ob als Koch, Bäcker, Gärtner, Schneider oder als Maurer, Schlosser, Elektriker und Maler; eine Kartause braucht viele Fertigkeiten. Soweit wie möglich arbeitet man allein; auch sind die Arbeitsräume so eingerichtet, daß sie die Geistessammlung fördern. „Denn die Seele des Mönches in der Einsamkeit gleiche einem stillen See, dessen Wasser ... wie ein klarer Spiegel nur das Bild Christi wiedergebe" (13.15.).

3. Immer wieder, an Werktagen wenigstens dreimal, an Sonn- und Feiertagen öfter, führt der Weg des Brudermönches in die Kirche, in die Brüderkapelle am Ende des nördlichen Brüdertraktes oder in die Klosterkirche im Herzen der Kartause. Das gemeinsame liturgische Gebet mit der Eucharistiefeier am Morgen als Höhepunkt ist wie ein Brunnen lebendigen Wassers, aus dem man natürliche und übernatürliche Kraft schöpft: Das Beispiel der Mitbrüder reißt die müde und trokkene Seele mit, und dort, wo es nicht mehr ankommt, hilft die göttliche Gnade.

Die Brüder stehen für viele, weil in Lebensstil und Betätigung weniger außergewöhnlich, im Schatten der Patres, der Priester und Theologen, doch zu Unrecht, wie ein Blick ins Evangelium zeigt:

– In ihrer doppelten Aktivität, dem Gebet einerseits und der Arbeit andererseits, eifern sie keinem Geringeren als Jesus selber, dem Modell eines jeden Mönches, nach. Wie sie mußte auch ER – zuerst in der Sorge um seine Familie, später unter der Last der bedrängenden Massen – seine Zeit für Gebet und Betrachtung mit der für notwendige Arbeiten teilen.

– In ihrem selbstlosen Dienst an der Gemeinschaft setzen sie tagtäglich bis in den Buchstaben hinein um, was Jesus seinen Jüngern als Kern seiner Botschaft auftrug: „Wer der Erste sein will, soll der Letzte von allen und der Diener aller sein!“ (Mk 9, 35). Und: „Welcher von beiden ist größer: wer bei Tisch sitzt oder wer bedient? Natürlich der, der bei Tisch sitzt. Ich aber bin unter euch wie der, der bedient“ (Lk 22, 27).

Brüder, die ihre Berufung treu leben, haben daher in Jesus einen Freund, der sie wie kein anderer versteht, mit dem sie wie mit keinem anderen rechnen dürfen.

5. Ein gefüllter Tag

Ein Werktag im Leben der

Patres *Brüder*

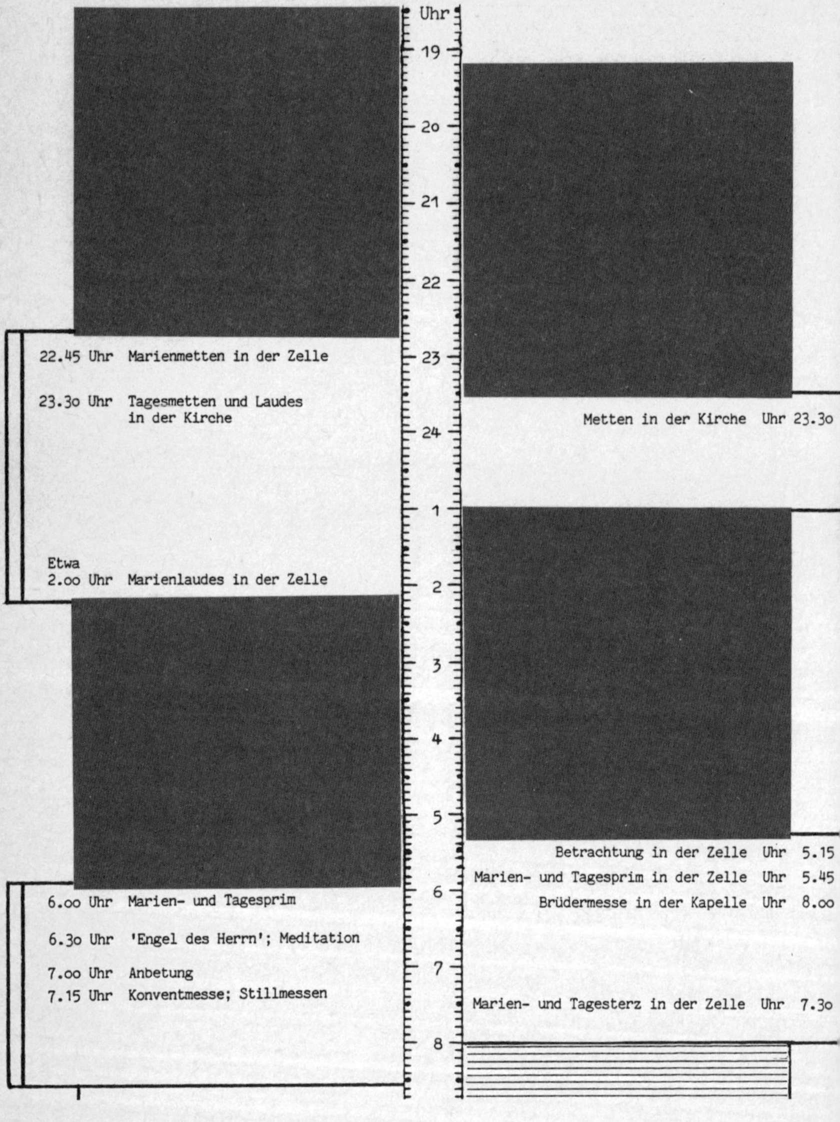

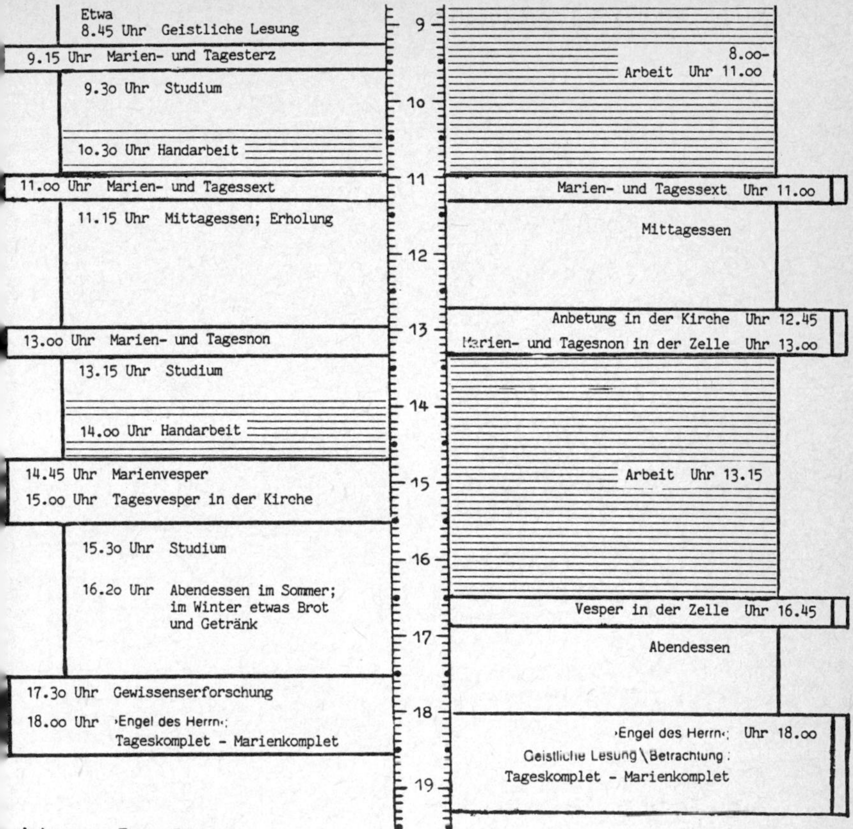

eichnung: Inge Bösen

Ein Werktag im Leben der Patres und der Brüder: Bei allen Differenzen im Detail ist beiden das häufige Gebet gemeinsam. Immer wieder unterbricht es alles übrige Tun, die Arbeit, das Studium, die Erholung, selbst den Schlaf in der Nacht. Selten nur führen beide „Wege" zusammen: an Werktagen nur einmal in 24 Stunden, zum Nachtoffizium in die Kirche; an Sonntagen allerdings häufiger, in Kirche, Kapitelsaal und Refektorium. Damit jeder, der Kreuzgang- wie der Brudermönch, seine spezifische Berufung lebe! Denn obwohl dem gleichen Ziel der Gottsuche verpflichtet, strebt man ihm doch auf unterschiedliche Weise zu.

Der Tag des Kartäusers hat einen eigenen Rhythmus. Er beginnt mitten in der Nacht, wenn die Welt sich zur Ruhe legt; er endet am frühen Abend, wenn sie nach einem harten Arbeitstag zu leben beginnt. Je nachdem, ob vom Kreuzgangs- oder vom Brudermönch her besehen, zeigt er ein leicht unterschiedliches Gesicht in Einteilung und Ablauf. Um bei der Werktag kurz zu analysieren (vgl. Aufriß S. 178–179).

– Den größten Teil des Tages des *Kreuzgangmönches* nimmt das Gebet ein. Addiert man die sieben längeren und kürzeren Zeiteinheiten, die sich in fast regelmäßigen Abständen über die Nacht und den Tag verteilen, macht es insgesamt etwa 7–8 Stunden aus. Außer dem kanonischen Offizium mit seinen acht Gebetszeiten (Matutin, Laudes, Prim, Terz, Sext, Non, Vesper und Komplet) umfaßt es – was als Ausdruck der besonderen Verehrung der Gottesmutter angesehen werden darf – das Kleine Marianische Offizium, das unmittelbar vor den entsprechenden kirchlichen Stundengebeten verrichtet wird, und – einmal in der Woche – das Totenoffizium. Gebet und Betrachtung – das gibt der Tagesaufriß deutlich zu erkennen – sind die Hauptbeschäftigung des Priestermönches; ihnen auch dienen alle übrigen Aktivitäten, Studium und geistliche Lesung, Handarbeit und Erholung, die die Gebetszeiten unterbrechen. In Studium und geistlicher Lesung bohrt man die Brunnen, aus denen man Gebet und Betrachtung inhaltlich speist; zusammen mit der Erholung hat die Handarbeit das Ziel, den Geist zu entspannen, was aber nicht ausschließt, daß sie auch nützlich und gewinnbringend sein soll. – Ältere Mönche haben eine gewisse Freiheit in der Gestaltung ihres Tages. Viele von ihnen widmen sich „en bloc" am Vormittag dem Studium und erholen sich am Nachmittag, bis zur Vesper, bei Handarbeiten in Garten oder Werkstatt.

– Was die Erneuerten Statuten in Kap. 11.1 in Worten zum Ausdruck bringen, dokumentiert der Aufriß augenfällig: „Die *Brüder* widmen sich nicht allein der Einsamkeit, sondern auch in verstärktem Maße der Handarbeit ..." Letztere springt in zwei größeren Zeitblökken in die Augen, einem ersten am Vormittag, einem zweiten am Nachmittag; zusammen sollen sie in der Regel nicht sieben Stunden überschreiten (24.7). Ihnen vor-, zwischen- und nachgeordnet sind – und hier wird der zweite Schwerpunkt der Brüderexistenz greifbar – verschiedene Gebetszeiten von 4–5 Stunden Gesamtdauer. Zeiten für geistliche Lesung, Studium und Erholung sorgen auch hier, daß der Bogen, weder der körperliche noch der geistige, überspannt wird.

Der Tag in der Kartause ist kurz. Aufgrund der Einteilung in viele kurze, überschaubare Zeiteinheiten fliegen die Stunden nur so dahin, so daß keine Not mit der gefährlichen Langeweile hat, wer gewissenhaft dem Tagesplan folgt. Aufstöhnen hingegen wird er von Zeit zu Zeit unter dem ewigen Einerlei der Tage, wenn die Seele unter der Last „der heiligen Monotonie" (Adalbert Stifter) in die Gefahr gerät, sich treiben zu lassen. Aber einmal jenseits dieser und anderer Nöte, wird man am Ende eines selbst langen Lebens auf die Frage, ob die vielen Jahrzehnte im Orden nicht arg lang geworden seien, mit einem alten Bruder aus der ehemaligen Kartause Hain antworten können: „Sie waren wie ein Blick aus dem fahrenden Schnellzug!"

6. Gott allein im Blick ...

Kartäusernonne Kartäusermönch

Das Gewand der Kartäuser und Kartäuserinnen aus gelblichweißem Wolltuch ist das Gewand französischer Bergbauern des 11. Jahrhunderts. Charakteristisches Kennzeichen sind zwei breite, das Skapulier an den Seiten verbindende Bänder, die dem Obergewand eine Ähnlichkeit mit dem Kreuz geben.

„Soli Deo" prangt es in großen Goldbuchstaben über der Tür der Klosterkirche der schweizerischen Kartause „La Valsainte"; kürzer läßt sich das kartusianische Programm nicht zusammenfassen. Der Kartäuser ist ein in Gott, einzig in IHN, Verliebter. Wie alle Verliebten hat er nur Augen für den Geliebten. IHM möchte er nahe sein, mit IHM in inniger Gemeinschaft leben, mit IHM im vertrauten Gespräch umgehen, mit IHM sich schließlich vereinigen – und das nicht erst in der Ewigkeit, sondern bereits hier auf Erden.

Diesem Ziel widmet der Kartäuser alle Kräfte der Seele und des Leibes. Im einzelnen:

a) Mit dem Blick auf Gott sucht und hütet er die *Einsamkeit;* selbst nicht zum Zwecke der Seelsorge verläßt er seine Zelle. Zweifellos läßt sich Gott überall finden, in einer von Menschenmassen überfüllten Stadt wie im einsamen Wald; klassischer Ort der Gottesbegegnung jedoch ist seit alters – man denke an Mose, Elija, Johannes den Täufer und an Jesus selber – die Wüsteneinsamkeit. Erst in der Ferne von der Welt und ihrem herz- und sinnenraubenden Angebot kann der Mensch ganz frei werden für Gott. Denn Gott ist ein eifersüchtiger Gott (Ex 20,5; 34,14; Dtn 4,24 u.ö.), der nur dort einzieht, wo IHM nicht ein goldenes Kalb (Ex 32) die Existenz streitig macht.

b) Mit dem Blick auf Gott *schweigt* der Kartäuser den größten Teil seines Lebens. Sieht man von dem zweitägigen Besuch der Familie im Jahr und von den gemeinsamen Rekreationen in der Woche, einem einstündigen Zusammensein im Klostergarten am Sonntag und einem vierstündigen Spaziergang meist am Montag, ab, lebt er allein in seiner Zelle. Wie die Einsamkeit hat auch das Schweigen keinen Selbstzweck. Schweigen macht die Seele sensibel, öffnet sie für die leisen Töne Gottes. Der Prophet Elija bemerkt Gott im sanften Säuseln nur, weil es ganz still in ihm ist (1 Kön 19). „Das Licht dringt nur in eine friedliche Seele!" weiß einer zu berichten, der ein halbes Jahrhundert in einsamem Schweigen gelebt hat (Porion, S. 143).

c) Mit dem Blick auf Gott unterbricht der Kartäuser für rund drei Stunden in der Nacht seinen Schlaf, um zu beten. Die Übung der *Nachtwache* hat eine lange Tradition, die weit in alttestamentliche Zeit zurückreicht: „Gut ist es zu verkünden deine Treue in der Nacht!" singt der Psalmist von Ps 92, „Des Nachts gedenke ich deines Namens, o Herr!", der von Ps 119, und der von Ps 134, ermuntert die Beter, die sich „zu nächtlicher Stunde" im Tempel aufhalten, ihre Hände zu erheben und den Herrn zu preisen. Die Stunden der Nacht mit ihrer Stille und Dunkelheit sind Stunden besonderer Gnaden und tiefer Gotteserfahrung, auf die man in der Kartause nicht verzichten möchte, mag die Welt auch verständnislos den Kopf schütteln.

d) Mit dem Blick auf Gott *fastet* der Kartäuser: Am Freitag begnügt er sich mit Wasser und Brot, lebenslang verzichtet er auf Fleisch, von Kreuzerhöhung (14. September) bis Ostern nimmt er nur eine Mahlzeit zu sich. Glaubt man einem erfahrenen Mönch, sind Fasten und Gebet wie zwei Flügel, mit deren Hilfe man sich zu Gott erheben kann. Die Erneuerten Statuten formulieren in dichterischer Sprache: Der Mönch fastet, „damit sein Herz in Sehnsucht nach Gott erglüht" (7.1.).

e) Mit dem Blick auf Gott sucht der Kartäuser die totale *Armut:* Nichts nennt er sein eigen; in Essen, Wohnung und Kleidung gibt er sich mit dem Einfachsten zufrieden. Besitz macht unfrei, blockiert die Gedanken und das Herz. Wie erst in einem von Möbeln ausgeräumten Zimmer das leiseste Geräusch widerhallt, so wird auch erst in einem gänzlich leeren Herzen die Stimme Gottes vernehmbar. Die Gefährlichkeit von selbst geringwertigem Besitz faßt der hl. Johannes vom Kreuz in den poetischen Satz: „Ob der Vogel mit einem Seil oder einem Faden festgehalten wird, fliegen kann er in keinem Fall!"

Alle Bewegung im Leben des Kartäusers ist auf Gott ausgerichtet. Die Einsamkeit, das Schweigen, die Nachtwachen, das Fasten, die Armut – man versteht sie nur, wenn man sie als technische Hilfsmittel ansieht, deren die Mönche sich bedienen, um auf ihrem Weg zu Gott rascher voranzukommen, um sich vom eigenen Ich zu lösen und so Raum für Gott zu schaffen. Nur selten und nur an wenigen Orten anderswo sucht man Gott mit solcher Konsequenz und Ausschließlichkeit wie in der Kartause. Kartäuserexistenz ist – um den Kartäuser aus P.v.d. Meers „Weißem Paradies" zu zitieren – „Leben aus Gott und für Gott allein ... Nichts mehr wollen, nichts mehr wissen, nichts mehr besitzen außer Gott und Gott allein ..." (S. 111).

7. ... doch nicht blind für die Nöte der Welt

Die Kartäuser suchen Gott mit beeindruckender Konsequenz. Doch wo lassen sie den Menschen? Den unwissenden, den kranken, den verzweifelten, den armen? Ist es nicht der einfachere Weg, sich ins Kloster zurückzuziehen und die Welt mit ihren Nöten allein zu lassen? Mehr noch, verstößt es nicht gegen das Gebot der Nächstenliebe (Mk 12,28–34), sich so radikal „abzukapseln" und selbst den kleinsten seelsorgerlichen Dienst abzulehnen? – Diese und ähnliche Fragen werden immer wieder laut und gipfeln gerne in dem empörten Vorwurf der extremen egoistischen Heilssuche.

Die Kartäuser kennen die Kritik, gelassen begegnen sie ihr im 34. Kapitel der Erneuerten Statuten: „... Mit der Wahl des verborgenen Lebens verlassen wir die Menschheitsfamilie nicht ... Wenn wir wirklich Gott anhangen, verschließen wir uns nicht in uns selbst. Im Gegenteil: Unser Geist wird offen, und unser Herz wird weit, so daß wir das ganze Weltall ... zu umfassen vermögen" (34.1.2.). Wie in concreto, ist nicht leicht zu verstehen. In der Hauptsache verweist man auf folgende vier Dienste:

– Einer Welt, die in den irdischen Dingen aufgeht, wollen die Kartäuser *Zeugnis* geben, daß es außer IHM keinen Gott gibt (34.3.). Sie geben dieses Zeugnis durch keine besonderen Aktivitäten, sondern eher stumm, einzig durch ihre Existenz, durch ihr ganz auf Gott hin ausgerichtetes Leben. Gelebter Glaube aber war zu allen Zeiten – und ist es auch heute noch – die beste Predigt mit der tiefsten Wirkung. Läßt kartusianische Radikalität auch manchen verständnislos den Kopf schütteln, macht sie viele andere dagegen, Junge und Alte gleichermaßen, nachdenklich. Ein junger Mann, der die Kartause „Marienau" besuchen durfte, spricht für eine Mehrzahl: „Wer diesen Mönchen begegnet ist, kann nicht mehr einfach so weiterleben wie bisher!"

– Stellvertretend für viele übernehmen die Kartäuser die Aufgabe der *Anbetung*. Beten fällt uns heute schwer; und wenn wir beten, bitten wir meist um etwas; anzubeten haben wir fast ganz verlernt. Wer Gott anbetet, anerkennt demütig seine Würde, seine Größe, seine Heiligkeit; gibt IHM die Ehre, nicht, um sich dadurch seine Gunst zu erschleichen, sondern weil er IHN schätzt und liebt; dankt IHM endlich dafür, daß er von IHM ins Dasein gerufen wurde und nun väterlich behütet und getragen wird. Anbetung ist – weil zweckfrei – die höchste Form der Gottesverehrung. Wie sehr Gott sich nach solcher Verehrung sehnt, wie sehr IHN nach solch selbstloser Liebe hungert, werden die biblischen Texte nicht müde aufzuzeigen. Tröstlich, daß die von Zeitnot geplagte und von tausend Eigenwünschen zerrissene Menschheit in den Kartäusern und anderen Kontemplativen wenigstens einige wenige vorzeigen kann, die stellvertretend „ihr Herz zu einem lebendigen Altar" machen, „von dem beständig das reine Gebet (des Lobes und des Dankes) zum Herrn emporsteigt" (4.11.).

– Die Kartäuser sind zum *Fürbittgebet* erhobene Hände, die nicht müde werden, Tag und Nacht um Gottes Hilfe in vielerlei Nöten zu flehen. Sie leben zwar von der Welt getrennt, doch wissen sie wohl, was diese Welt und ihre Menschen bedrängt und bedrückt. Sonntags, in der gemeinsamen Rekreation zwischen Non und Vesper, informiert der Prior die Klostergemeinschaft über das Weltgeschehen, über politische Ereignisse und Bewegungen, über Unglücke und Katastrophen; erläuternde Berichte und Kommentare kann der einzelne in der Kirchenzeitung und anderen religiösen Zeitschriften nachlesen. Über den Prior und den Prokurator erfahren die Mönche auch von privaten Nöten und Anliegen, mit denen man per Post oder im Rahmen eines Besuches am Kloster anklopft. Soweit wie möglich hilft die Kartause konkret, finanziell und wirtschaftlich (z. B. durch Unterstützung von Armen, Abgabe von Überschüssen aus der Landwirtschaft, Schaffung von Arbeitsplätzen); in der Hauptsache aber bietet sie ihr fürbittendes Gebet an. Im Vertrauen auf Jesu Wort, daß empfängt, wer bittet (vgl. Joh 16,24b), daß der Himmel schenkt, worum er in festem Glauben gebeten wird (vgl. Mk 11,24), machen die Mönche die Nöte des einzelnen wie die der Welt zu ihren eigenen und tragen sie im Gebet vor Gott hin. „Zeitlichen Nutzen, den man in klingende Münze umsetzen könnte" – so W. Nigg –, „hat diese flehende Gebärde wahrscheinlich wenig, für das ewige Leben aber ist ihre Bedeutung von solcher Unermeßlichkeit, daß sie nicht in Worte gefaßt werden kann" (S. 207).

– Schließlich noch suchen die Kartäuser der Welt *büßend* zu dienen. Buße ist heute ein weithin verpönter Begriff, verpönt auch das, worauf sie zielt – die Schuld. Und doch leidet der einzelne wie die Gemeinschaft – man frage die Psychotherapeuten, deren Zahl nie größer und deren Sprechzimmer nie voller war – bewußt und unbewußt unsäglich unter der Last von Schuld. „Aufarbeiten" heißt das therapeutische Zauberwort – „aufarbeiten" im Gespräch, „aufarbeiten" aber auch durch die Tat, durch eine großzügige Spende, durch sog. „Wiedergutmachungen", durch die Zahlung von Schmerzensgeld. Nur so haben durch Schuld belastete zwischenmenschliche Beziehungen eine Chance, wieder neu aufzuleben und sich positiv zu entwickeln. – Doch was ist mit der Beziehung zu Gott? Schuld hat – auch wenn dies heute gerne übersehen wird – neben der horizontalen auch eine vertikale Dimension, belastet also nicht nur das Verhältnis von Mensch zu

Mensch, sondern auch das von Mensch zu Gott. Wie jenes wird sie auch dieses zerstören, wenn sie nicht gebüßt wird, d. h., wenn niemand sie – bildlich gesprochen – „abzutragen“ sich bemüht, sei es durch das bereuende Wort, sei es durch die sühnende Tat. Hier, an diesem Punkt, bieten die Kartäuser ihre Hilfe an. Stellvertretend büßen sie durch Fasten und Schweigen, durch Nachtwachen und umfassenden Verzicht die Schuld von heute vielen Schuld-Blinden. Die Gewißheit, daß ihr Liebesdienst bei Gott ankommt, gibt ihnen das Wissen um die enge Verbindung der im mystischen Leib Christi Zusammengeschlossenen (1 Kor 12, 12–27). Wäre Gott nicht auch nach Gen 18 bereit gewesen, Sodom vor dem Untergang zu retten, wenn es nur zehn Gerechte in der Stadt gegeben hätte? Wann und wo kartusianische Buße die göttliche Barmherzigkeit bewegte, wird die Welt erst am Ende der Zeit erkennen. Vielleicht, daß sie dann sprachlos dastehen wird!

Kartäusernonne beim Gebet in der Zelle

Mit ihren Antworten sind die Kartäuser in Beweisnot. Wie wollen sie Skeptiker von der Effektivität ihres verborgenen Gebets- und Opferlebens überzeugen? – Um es klar und deutlich zu sagen: Es wird ihnen nicht gelingen! Sie müssen den Beweis schuldig bleiben! Erklärend können sie einzig darauf verweisen, daß sich, wo Gott ins Spiel kommt, die Wirklichkeit um unbekannte Dimensionen erweitert. Diese jedoch sind nur dem Glauben zugänglich; der Glaube allein wird daher auch nur verstehen und zu würdigen wissen, was die Kartäuser und alle Kontemplativen für die Welt und ihre Menschen „leisten“.

8. Eine nur kleine Zahl

Am 24. Juni 1984 feierte der Orden – von der Öffentlichkeit weitgehend unbemerkt – sein 900jähriges Jubiläum, in der „Marienau“ einzig mit einem festlichen Gottesdienst und einer gemeinsamen Rekreation, bei der der jüngste Novize eine fünfminütige Ansprache hielt.

In ihrem äußeren Verlauf gleichen die 900 Jahre Ordensgeschichte einer nur allmählich ansteigenden Kurve, die nach relativem Höhepunkt schnell wieder auf die Anfangshöhe abfällt. Trotz seines hohen Anspruchs breitet sich der Orden am Anfang rasch und stetig aus, auch wenn seine Statistik nicht mit der der zeitgenössischen Zisterzienser konkurrieren kann. Die Zahl der Kartausen wächst von 36 im 12. Jahrhundert auf 69 im 13. Jahrhundert, auf 175 im 14. Jahrhundert und auf 220 gar im 15. Jahrhundert. In beiden letzten Jahrhunderten erreicht der Orden seinen Höhepunkt. Beweggrund für viele in dieser Zeit, gerade ihm beizutreten, ist zum einen die furchtbare Pest, die man als Strafe Gottes empfindet, zum anderen die gleichzeitig aufkommende Mystik mit ihrem ausgeprägten Verlangen nach der „unio mystica", der persönlichen Vereinigung mit Gott. Der Zustrom Interessierter verringert sich ab dem 16. Jahrhundert kontinuierlich bis in die Gegenwart hinein. Von den historischen Ereignissen der vergangenen 500 Jahre, die hierfür verantwortlich zu machen sind, seien die Reformation (ab 1517), der Dreißigjährige Krieg (1618–1648), die Französische Revolution (1789), die Säkularisation (1803) und der Kulturkampf in Deutschland (1871) als die wichtigsten genannt.

Zur Zeit (1987) gibt es – verteilt auf zehn Länder – insgesamt noch 24 Kartausen, 18 Männer- und 6 Frauenklöster, mit rund 520 Mitgliedern, 230 Patres, 180 Brüdern und 110 Nonnen. Die Schwerpunkte des Ordens liegen heute in Frankreich (4 Männer- und 2 Frauenklöster), Spanien (5 Männerklöster und ein Frauenkloster) und in Italien (2 Männer- und 3 Frauenklöster); Deutschland, England, Portugal, Jugoslawien und die Schweiz zählen nur jeweils eine Kartause.

1951 wagte der Orden den Sprung nach Nordamerika. Nach 35 Jahren des Experimentes darf man sagen, daß sich anfängliche Erwartungen nicht erfüllten, daß die Kartause aber auch nicht den von Thomas Merton skizzierten Gefahren der Neuen Welt erlegen ist: der Reklame, der Technik, dem Geschäftsgeist, den Maschinen und dem furchtbaren Antrieb, „um des Ruhmes und des Wohlstandes willen ... alles über Bord zu werfen" (S. 156).

Noch im ersten Stadium des Experimentes befindet sich die Neugründung in Brasilien, die man auf Drängen der Brasilianischen Bischofskonferenz vor drei Jahren (1983) startete. Die Berichte der „Gründergruppe" aus drei Patres und zwei Brüdern klingen überaus erfreulich, vor allem was die Zahl der Interessenten betrifft, doch wird man erst in einigen Jahrzehnten beurteilen können, ob und inwieweit das Unternehmen geglückt ist.

Unabhängig davon, ob sich dem Orden in der Dritten Welt ein neues Ausbreitungsfeld auftut, hat er auch weiterhin Zukunft im Abendland. Sieht man von Notzeiten ab, in denen Katastrophen wie Pest, Krieg und Hungersnot viele in die Kartausen führten, ist die Zahl der Kartäuser immer klein gewesen. Um ein guter Kartäuser zu werden, bedarf es – wie die Erneuerten Statuten betonen – „besonderer Fähigkeiten", wie der Liebe zur Einsamkeit, des Gebetsgeistes und eines starken Glaubens (9.3.). Solcher Berufung scheint das moderne Leben mit seiner Hektik, seiner Informationsflut, seiner Leistungsorientierung, seinem Positivismus und Materialismus entgegenzuwirken, wenigstens menschlich besehen. Doch ist menschliche Sehweise in puncto Kartäuser eine verkürzte und verkürzende Perspektive, die gerade den ausspart, der im Mittelpunkt kartusianischer Existenz steht, nämlich Gott. Gott hat sich – die allgemeine Religionsgeschichte wie auch die 2000jährige Geschichte des Christentums beweisen es – immer wieder und zu allen Zeiten Menschen ausgesucht, die nur für IHN dasein, nur IHM leben wollten. ER wird auch nicht in Zukunft auf die Kartäuser als seine ganz intimen Gesprächspartner verzichten wollen, sofern sie ihrer kontemplativen Berufung treu bleiben. Die sich IHM Stellenden wird ER mit dem Blick des Liebenden prüfen. Am Ende wird immer nur eine kleine Zahl übrigbleiben, eine Handvoll mutiger und charismatisch begnadeter Männer und Frauen, die – mehr im Vertrauen auf die göttliche Gnade als auf die eigene Kraft – bereit sind, sich auf das Wagnis einer lebenslangen Partnerschaft mit Gott einzulassen.

LITERATURHINWEISE

Antier, Y. u. J. J., Flucht aus der Welt? Wie Menschen heute im Kloster leben, Freiburg 1982.

Beck, O. (Hrsg.), Kartause Marienau. Ein Ort der Stille und des Gebets, Sigmaringen 1985.

Bligny, B., Saint Bruno, le premier chartreux, Rennes 1984.

Bonnet, S. – Gouley, B., Gelebte Einsamkeit. Eremiten heute, Freiburg 1982.

Chartreuse de la Valsainte – Kartause La Valsainte, 1981.

Chartreuse de Montrieux, Soif d'Absolu – Faim de Dieu, 1983.

Les *Chartreux* du Val-Saint-Martin de Sélignac, 1985.

Un *Chartreux*, (anonyme), La Grande Charteuse, [10]1964.

Ein Einsiedlermönch, Wo die Wüste erblüht. Aus dem Erfahrungsschatz eines Menschen, der Gott über alles liebt, München 1984 (entgegen den Verlagsangaben handelt es sich bei dem Autor nicht um einen Kartäuser, sondern um einen ehemaligen Trappistenabt).

Erneuerte Statuten des Kartäuserordens, Bücher 1–4, approbiert vom Generalkapitel 1971.

Frossard, A., Mönche und Jesuiten. Von heiteren Menschen, Freiburg 1961.

Ganne, G., Ceux qui ont tout quitté. Moines, moniales et religieux d'aujourd'hui, 1977.

Guillerand, A., Prière cartusienne, 1981.

Hawel, P., Klöster. Wie sie wurden, wie sie aussahen und wie man in ihnen lebte, München – Zürich 1982.

Heimbucher, M. (Hrsg.), Die Orden und Kongregationen der Katholischen Kirche, Paderborn [3]1965, Bd. I, S. 376–391.

Holtz, L. (Hrsg.), Männerorden in der Bundesrepublik Deutschland, Einsiedeln 1984.

Knowles, D., Geschichte des christlichen Mönchtums. Benediktiner, Zisterzienser, Kartäuser, München 1969.

Lockhart, R. B., Halfway to Heaven. The Hidden Life of the Sublime Carthusians, London 1985.

Ludin, W. (Hrsg.), Männerorden in der Schweiz, Einsiedeln 1982.

Merton, Th., Lebendige Stille, Einsiedeln 1959.

Nigg, W., Vom Geheimnis der Mönche, Zürich 1953.

Nouwen, H. J., Ich hörte auf die Stille. Sieben Monate im Trappistenkloster, Freiburg [10]1985.

Porion, J.-B., Sendung der Stille. Kartäuserschriften für Christen von heute, Einsiedeln 1957.

Posada, G., Der hl. Bruno – Vater der Kartäuser. Ein Sohn der Stadt Köln (aus dem Spanischen übersetzt von P. H. Blüm Ocart), Köln 1987.

Ravier, A., Saint Bruno. Le premier des érémites de Chartreuse, Paris 1967.

Rochat, P., Soli Deo. Reportage sur la Chartreuse de La Valsainte, 1949.

Sand, G., Ein Winter auf Mallorca, München [2]1986.

Serrou, R., Au „désert" de Chartreuse. La vie solitaire des fils de saint Bruno, [2]1984.

Walcheren, P. van der Meer de, Das weiße Paradies, München 1930.

Zadnikar, M. – Wienand, A. (Hrsg.), Die Kartäuser. Orden der schweigenden Mönche, Köln 1983.

Von Willibald Bösen u. a. bereits im Verlag Herder erschienen:

Willibald Bösen vermittelt einen völlig neuen Zugang zum Lebensraum und Wirkungsfeld Jesu. Er fügt die vielerorts verstreuten Informationen über das Galiläa der Zeitenwende zusammen und vermittelt eine Fülle realkundlicher Kenntnisse, die helfen, zur Person Jesu und seiner Wirkungsgeschichte vorzudringen. Ein modernes Sachbuch – in verständlicher Sprache geschrieben und reich illustriert.

„Bösen hat eine immense Materialmenge in seinem Buch zusammengetragen. Ihm gelingt es dabei, die Zeit des Neuen Testaments zu verlebendigen. Damit dürfte er den Religionsunterricht bereichern und dem auf historischen Pfaden reisenden Palästina-Touristen eine bislang einmalige Informationsquelle öffnen. Eine spannende Lektüre ist das Buch obendrein noch“ (Husumer Nachrichten).

288 Seiten mit vielen Skizzen, Zeichnungen und Karten, gebunden.
ISBN 3-451-20320-0

Verlag Herder Freiburg · Basel · Wien